Karl Gottlob von Anton

Bemerkungen über des Herrn D. Rößigs Beantwortung der Kommentarien des Herrn Geheimenrath Schubarts von Kleefeld :

vorzüglich Hutung, Trift, Kleebau und Frohnen betreffend

Karl Gottlob von Anton

Bemerkungen über des Herrn D. Rößigs Beantwortung der Kommentarien des Herrn Geheimenrath Schubarts von Kleefeld :
vorzüglich Hutung, Trift, Kleebau und Frohnen betreffend

ISBN/EAN: 9783742895806

Hergestellt in Europa, USA, Kanada, Australien, Japan

Cover: Foto ©Suzi / pixelio.de

Manufactured and distributed by brebook publishing software (www.brebook.com)

Karl Gottlob von Anton

Bemerkungen über des Herrn D. Rößigs Beantwortung der Kommentarien des Herrn Geheimenrath Schubarts von Kleefeld :

Bemerkungen
über des
Herrn D. Rößigs
Beantwortung
der
Kommentarien
des
Herrn
Geheimenrath Schubarts von Kleefeld.

Vorzüglich, Hutung, Trift, Kleebau und
Frohnen betreffend.

Leipzig,
bey Adam Friedrich Böhmen, 1786.

Der Herr D. Rößig in Leipzig lieferte im Leipziger Intelligenzblatt 1784. Num. 53. einen kurzen Aufsaz, wie dem Verfalle der Landleute durch ein zu errichtendes Kreditsystem aufgeholfen werden könne. Er hat uns zwar seit diesem noch keinen nähern Aufschluß über dasselbe gegeben, und man mußte es für ein gutgemeintes aber unausführbares Projekt halten, demohnerachtet hielt es der Herr Geheimerath Schubart von Kleefeld für nöthig, diesen Einfall zu beleuchten, welches freilich auf die gewöhnliche leidenschaftliche Art geschah, mit welcher Er jeden, der außer seinem Universalmittel der Abschaffung der Hutung, Trift und Braache irgend etwas anders erfunden zu haben meint, oder dasselbe nicht für allwissend halten will, zu behandeln gewohnt ist. Es stand zu vermuthen, daß sich der Herr D. Rößig wider diese Bemerkungen — die sich im sechsten Theile der ökonomisch-kameralistischen Schriften des Herrn von Schubart befinden, — vertheidigen würde, welches auch in folgender Schrift geschehen ist:

K. G. Rößigs D. — und Prof. ꝛc. — Beantwortung der Kommentarien des Herrn Geheimen-

A 2 raths

raths von Schubart, Edlen Herrn von Kleefeld, und Untersuchung über Hut, Trift und Frohnenaufhebung, und Versilberung und andere damit verwandte Gegenstände, den Aufsaz im Leipziger Intelligenzblatt 1784. Num. 55. betreffend, Leipzig bei Beer, 1786. 84 Seiten in 8.

Er hat sich in dieser Schrift auf eine edle Art vertheidiget und wird gewiß mit vielem Vergnügen gelesen worden seyn. Ohnerachtet ich selbst in vielen Stücken seiner Gedanken bin, so kommen doch verschiedne Behauptungen vor, wo ich ganz wider meine Ueberzeugung handeln würde, wenn ich sagen wollte, er habe recht. Und diese Umstände sind es vorzüglich, welche mich bewogen, über die Kommentarien des Herrn D. Rößigs wider die Kommentarien des Herrn von Schubart, auch zu kommentariren.

Der Herr D. liefert zuerst den Aufsaz aus dem Intelligenzblatte, der zu dem Streite Anlaß gab, sezt alsdann die Schubartischen Bemerkungen in einzelnen Säzen hin, beurtheilt dieselben und vertheidiget sich.

Zuerst rettet er S. 4. die von Schubarten bestrittene Neuheit seines Vorschlages und fodert ihn auf, denjenigen zu nennen, der ihn vor ihm gehabt habe, zeigt hierauf, daß z. B. der Kleebau nichts neues, sondern längst empfohlen worden sei, und wundert sich nur, daß manche Leute hierinnen was andres finden könnten, welches von ihren litterarischen Kenntnissen eben keine großen Begriffe gebe.

Mich

Mich wundert es bald, und bald nicht. Wenn ich manche Gegenden Sachsens bedenke, wo die Oekonomie auf die jämmerlichste Art behandelt wird, so wundre ich mich nicht, daß, wenn jemand daselbst aufstand und Klee im Großen baute, man ihn entweder verkezerte, oder als einen großen Erfinder einer unerhörten Sache ansah. Wenn ich aber weiß, daß außer den Engländern und andern auch in Teutschland vorzüglich Gugenmus und andre im Großen den Klee bauten, so muß ich mich wundern, daß man in dem gelehrten fleißigen Sachsen, und ich will sagen in ganz Teutschland auf einmal den Anbau der Futterkräuter und was sie betrift, als was neues, zuvor nicht gekanntes wohlthätiges ansieht. — Allein auch hier fällt die Verwunderung weg, denn Gugenmus und andre wirkten mehr im Stillen Gutes, ließen nicht vor sich her in allen gelehrten Zeitungen posaunen, giengen im stillen Schritt fort, verlangten nicht, daß sich alle nach ihnen bilden und Fürsten die ältesten, — vielleicht fehlerhaften — Einrichtungen auf einmal umstoßen sollten, und verlangten nicht Alleinrichter und Orakel in der ökonomischen Welt zu seyn, daher ward auch nicht so viel Aufhebens gemacht.

S. 11. vertheidiget der Verf. die Triftgerechtigkeit, die Herr v. S. nicht für Gerechtigkeit, sondern für erstohlnen Besiz, für Bedrückung ausgiebt.

Er beantwortet diesen Diktatorspruch sehr gut, aber noch nicht hinreichend, wie mich dünkt; es sei mir also erlaubt, etwas hinzuzusezzen.

Erstlich, diese Triftgerechtigkeit soll zur Zeit noch größtentheils nur auf erstohlnen Besiz gegründet seyn. Was heißt

heißt das zur Zeit? Was einmal jezt erstohlen ist, kann nie
gerecht werden; oder meinet Hr. v. S., daß hintennach noch
Verträge geschlossen werden könnten, oder soll durch
Prozesse es ausgemacht werden; da müßten die Unterthanen den Diebstal erweisen, wozu der Herr Geheimerath vielleicht geheime Umstände angeben könnte.

Sie sollen es größtentheils seyn, also werden doch
einige ausgenommen. Hier wäre eine Bestimmung
nöthig gewesen.

Ist das erstohlner Besiz, wenn mich mein Landesherr mit der Triftgerechtigkeit belehnt? In meinem
Vaterlande Oberlausiz wird wohl jedes Rittergut in
seinen Lehnbriefen seit uralten Zeiten diese Befugniß
versichert erhalten haben. Um aber den Ursprung derselben zu erfahren, muß man in die ältere Geschichte
des Landes, wo sie gilt, zurückgehen. Wir müssen
untersuchen, wie Herrschaften und Unterthanen entstanden, wer eher war, ob dergleichen Verabredung, als
die Trift ist, möglich war, ob das Land erobert wurde,
sich Fremdlinge zu Herren aufwarfen, und die Einge-
bornen unterjochten? Die Lausiz ward von Wenden
bewohnt, Teutsche unterjochten sie, warfen sich zu ihren Herren auf, nahmen ihnen ihre Güter und gaben
sie ihnen als Laßgüter wieder, die sie ihnen alle Stunden wieder wegnehmen konnten. Hier ist der Ursprung
unsrer Triftgerechtigkeit zu suchen. War dieses ungerecht, so hat der Hr. v. S. es mit jenen Jahrhunderten auszumachen, in denen dieses geschah. Aber nun
kann es kein gestohlner Besiz mehr seyn, es war ge-
troffnes Abkommen. Selbst die Einrichtung mit den
Laßgütern war in jenen Zeiten politisch nöthig, weil

man

man dadurch am mehrsten noch wider nachtheilige Bemühungen der ältern Besizer gesichert seyn konnte.

Diese Triftgerechtigkeit und Hutung ist aber noch älter, und ächtteutsch, da bei der wenigen Volksmenge in den ältesten Zeiten das Vieh und nicht der Ackerbau den Reichthum des Privatmannes ausmachte, und man für dasselbe Futter und Hutung haben mußte. Was ich unten vom Ursprunge der Frohnen sagen werde, gilt auch von Hutung und Triftgerechtigkeit. Der freie Teutsche war Landeigenthümer: allein Viehzucht und Ackerbau war ihm zu verschmählich und gehörte für den Sklaven (wie noch im Allemannischen Geseze, s. Georgisch. Corp. Iur. German. p. 282.). Sein Land theilte er jährlich unter seine Leibeigene ein, so daß der eine Theil mit Früchten bestellt, der andre aber Braache gelassen werden mußte. Diese Braache war also natürlicherweise fürs Vieh bestimmt. Als die Herren in den folgenden Jahrhunderten bei mehrerer Kultur und größerer Volksmenge selbst Oekonomen wurden, so gaben sie ihren Unterthanen einen Strich Landes ein, und da diese beim Geldmangel nicht im Stande waren zu zahlen, so mußten sie gewisse Getraidezinsen, an manchen und zwar an den mehrsten Orten, gar den Zehenden von allem was sie erbauten, an Getraide oder Vieh entrichten, und bestimmte Dienste zum Behuf der Herrschaften, die sich das übrige Feld vorbehalten hatten, thun. Da man keine Futterkräuter kannte, nichts von Stallfütterung wußte, aber Vieh und dessen Benuzung nöthig hatte, so behielten sich die Herren als Territorialbesizer das Recht vor, das ihren Unterthanen geschenkte Feld zu gewissen Zeiten zu behüten,

A 4

hüten, oder schloſſen den Akkord ſo, daß dieſe jährlich einen gewiſſen Theil vom ganzen Felde zum Behuf des herrſchaftlichen Viehes nach dem alten Herkommen mußten Braache liegen laſſen. Nach Gelegenheit übergaben ſie auch der ganzen Gemeine einen beſondern Fleck zu ihrer gemeinſchaftlichen Hutung, oder erlaubten auch ihren Leuten zu gewiſſen Zeiten die herrſchaftlichen Felder zu behüten. Und ſo entſtanden die Gemeinhutungen, die Viehweiden, das Recht der Herrſchaften auf der Unterthanen, und dieſer auf der Herrſchaften Grund und Boden in beſtimmten Zeiten zu hüten.

Als nun die Teutſchen die Lauſiz unterjochten, ſo führten ſie dieſe Einrichtung, wo ſie ſie nicht etwa ſchon fanden, ebenfalls ein.

In manchen Gegenden hatte man über dergleichen Hutungen beſondre Verabredungen und Geſeze. Es ſei mir erlaubt, hier einige Beiſpiele aus den mittlern Jahrhunderten zu liefern.

1) Niemand ſoll einen nachbarlichen und Viehweg verſperren. Capitul. Reg. Franc. L. V. n. 354. in Georgiſch. p. 1510.

2) Die Methode einen Acker zu hegen und vermöge eines Hegewiſches der Gemeinhutung zu entreiſſen, iſt ſehr alt, und wird ſchon im Baierſchen Geſez, wo dieſes Zeichen Wiffe heiſt, als ſehr alt angegeben. Ebend. S. 297.

3) Im Jahr 948 vertauſcht einer ſein Recht an der Gemeinhutung. Meichelbek Inſtr. I. 444.

4) 1146 wird bekannt, daß als der Weiler Harthauſen eingerichtet worden, den Beſizern eine freie Hu-

Hutung aller Thiere in **Brumat** erlaubt wird. ſ. Schöpflin. Alſat. Dipl. I. 231.

5) 1158 kommt in einer Urkunde die Koppelweide als ein Recht jährlicher Hutung vor. Ebend. I. 247.

6) 1133 entläßt der Erzbiſchof von Mainz Albert, eilf Gärtnern in Erfurt die ihm daſelbſt gehörige Koppelweide mit Pferden. Gudenus Cod. D. Mog. I. 108.

In dieſen Zeiten war nicht allein Gemeinhutung, ſondern auch vorzüglich Koppelweide gewöhnlich. Dieſe letztere brachte im dreizehnten und vierzehnten Jahrhunderte viele Streitigkeiten hervor; woraus bald Prozeſſe, bald Vergleiche und Theilungen entſtanden.

7) So ward 1295 zwiſchen zwei Klöſtern die Koppelhutung aufgehoben. Monum. Boica VII. 150.

8) 1327 ein Vergleich zwiſchen der Aebtißin zu Chiemſee und ihren Leuten, wo ſie die Koppelweide bis auf einige Wieſen aufhoben. Ib. 476.

9) 1342 kommt eine ähnliche Theilung vor. Ebend. 233.

Ich kann hier unmöglich, ohne zu weitläuftig zu werden, noch mehrere Nachrichten angeben; das Angeführte beweiſt ſchon, daß ſtets die Methode war auf eines andern Grund und Boden zu hüten. Wenn Streitigkeiten entſtanden, ſo führte man den Beweis durch Zeugen, die ausſagen mußten, ob es von uralten Zeiten ſo geweſen ſei. Ueber das Befugniß der Herrſchaften, der Unterthanen Felder zu behüten, iſt wohl in den Zeiten bis zum ſechszehnten Jahrhunderte kein Streit entſtanden, ſondern es iſt ſtets als allgemein geltend angenommen worden. Wenigſtens iſt mir, da ich doch

A 5 ſehr

sehr genau darnach geforscht habe, bis jezt nichts vorgekommen.

Was uns anbetrift, so haben wir dieses Recht mit unsern Gütern erkauft, ist dieses erstohlner Besiz, und können wir von Rechtswegen gezwungen werden, es aufzugeben?

Der Herr Geheimerath giebt die Triftgerechtigkeit für Bedrückung aus. Ist aber dieses Bedrückung zu nennen, wenn der Käufer eines Baurengutes weiß, daß die Herrschaft das Recht hat und von Alters her gehabt hat, auf seinen Feldern zu hüten? Wenn es ihm nicht gefällt, wer hieß ihm das Gut kaufen, und wie kann er hintennach sich über eine Sache beschweren, die er vorher wüßte?

Und wo drückt denn dieses Triftrecht den Bauer? Ich verwehre keinem, Klee, Luzerne, und Esparsette zu bauen, und ihm fällt es nicht ein, mir verwehren zu wollen, diese Futterkräuter abzuhüten. Dieses Abhüten soll ihm nachtheilig seyn? Der Herr von Schubart, der seine Wirthschaft zum Theil nach englischen Grundsäzzen bildet, lese die englischen Dekonomen, und er wird finden, daß man daselbst alle Futterkräuter, auch durch die Schaafe abhüten läßt. Ja der Klee wird oft noch im Frühjahre daselbst behütet und alsdann zu Heu gemacht. Die Luzerne wird an vielen Orten abgehütet und dieser schadet es am allerwenigsten, da sie so tief wurzelt. Die Esparsette wird gewöhnlich behütet und seltner zu Heu gemacht. So finde ich bei mir noch nicht so viel Schaden, als der Herr von Schubart, allein ich kann auch nur von meiner und nicht von andern Gegenden reden.

Eine

Eine ganz andre Frage ist es, ob diese Hutung und Trift unsern Zeiten noch angemessen sei, oder nicht vielmehr eine Abänderung fodre? Dieses wäre in manchen Gegenden vielleicht zu wünschen, ohnerachtet die Sache nicht so sehr schrecklich ist: allein man muß nicht mit dem Schwerdte darein schlagen oder die Herrschaften zwingen wollen, ein althergebrachtes Recht ganz aufzuopfern. Konnten nach und nach an den mehrsten Orten in der Lausiz von den Herrschaften die Laßgüter in erbliche verwandelt werden, so kann eben so leicht dieses Recht eine Aenderung erhalten. Alsdann wird aber immer noch die Frage seyn, ob die Unterthanen ihr Recht auf den herrschaftlichen Feldern zu hüten, werden aufgeben wollen, und dieses wird schwerer bewirkt werden können, wie ich aus eigner Erfahrung weiß.

Hier läßt Hr. R. S. 13. sich auch darüber aus, ob es rathsam sei, ohne vorhergehende Vorbereitung, Hutung und Trift aufzuheben, das er mit Recht verneinet, aber diese Vorbereitung so weit ausdehnet, daß jedem die Lust vergehen möchte, sie zu veranstalten.

Was Hr. R. über die Verwandlung der Frohnen in Hofegeld sagt, S. 17. ist richtig, nur begeht er wieder den Fehler, daß er die Sache auf der beschwerlichsten Seite darstellt, und gewiß jeden, der nicht Erfahrungen sich darüber gesammlet hat, abschrecken wird. Frohnen geschehen mit Gespann oder mit der Hand. Ueber die Handdienste ist hier kein Streit, sondern über die Spanndienste. Man sehe darüber die Schrift: An die Oekonomen S. 108. Um diese Frohnen abzuschaffen, ist nicht genug, die Bauern auf Dienstgeld zu sez-

sezzen, es gehören noch zwei wichtige Umstände dazu, die Hr. R. sehr gut erörtert. Erstlich muß ich mir die Frage praktisch beantworten können, wie bestelle ich mein Feld, wenn meine Bauern wegfallen? Um dieses zu können, muß ich erst Schiff und Geschirr, Anspänner, Vieh, Pferde oder Ochsen, Futter und Zeug für sie, und nach Gelegenheit auch mehr Stallung haben. Was gehört also alles dazu! Ist ein Federstrich hinreichend, alles dieses zu bewirken, ist selbst das stärkste Dienstgeld im Stande, mir alle obigen Bedürfnisse so geschwind zu verschaffen, als ich mir sie selbst freiwillig entziehe? Hier gehört Vorarbeit dazu, und nicht ein Machtspruch, Jahre müssen vorhergehen, um uns in den Stand zu sezzen, den besten Willen zu befolgen. Ich spreche aus Erfahrungen. Ich baue einen neuen Ochsenstall, besäete die ganze Braache mit Klee, schafte Schiff und Geschirr an, und war im vorigen Jahre 1785 im Stande, mein Getraide fast ganz ohne Zuthun der Bauern in die Scheune zu bringen, und habe bereits noch mehr gethan. Wer dieses auf einmal thun wollte, müßte gleich ein Kapital anlegen, um dasjenige, was ich binnen wenigen Jahren unbemerkbar erlangt habe, auf einmal mit Gewalt zu erzwingen. Mich kann also das Beispiel, das Hr. R. unter dem Gleichniß Arist anführt, nicht treffen.

Zweitens muß ich wissen: können meine Bauern mir so viel geben, als ihre Dienste werth sind, und werden sie im Stande seyn, die verabredete Summe aufzubringen. Anfangs muß ich ihre Dienste anschlagen. Gewöhnlich kommen sie wöchentlich sechs Gespann, jedes zu vier Stunden gerechnet, also wenn sie Vor- und
Nach-

Nachmittags kommen, wöchentlich drei Tage, mit zwei, drei oder vier Pferden oder Ochsen, nachdem es Sitte ist. Ich will einen Bauer zu zwei Pferden rechnen, und das Gespann vier Groschen anschlagen, so beträgt es wöchentlich einen Rthlr. und jährlich zwei und funfzig Rthlr. Wenn sie zu Fuhren erfodert werden, wozu ein Mensch zum Laden gehört, so müssen sie diesen mitbringen, ich will ihn aber hier nicht mitberechnen. Welcher Bauer mit zwei Pferden wird aber im Stande seyn, mir soviel Dienstgeld zu entrichten. Es ist die sichre Unmöglichkeit, ohnerachtet mir keiner acht Stunden auf meinem Acker für acht Groschen arbeiten würde, und er wird lieber die Hofearbeit verrichten, als dieses Dienstgeld geben, wie ich aus Erfahrung weiß, da ein Zweispänner, der in guten Umständen war, mir nicht einmal dreißig Rthlr. geben zu können glaubte. Ich will hier einen Versuch machen auf sechs Bauern, jeder gäbe 25 Rthlr. Dienstgeld, beträgt 150 Rthlr.

Dafür hielt ich 6 Ochsen zu 20 Rthlr.   120
    2 Knechte Lohn 10 Rthlr.   20
    Brödterei . . 60
    Futter der Ochsen . 40
    Schiff und Geschirr jährlich 10
                              250

wenigstens wäre dieses das erste Jahr, oder ich müßte die Ochsen als Kapital betrachten, so betrüge es zu 4 Procent 4 Rthl. 19 Gr. $2\tfrac{2}{5}$ Pf., also jährlich 134 Rthl. 19 Gr. $2\tfrac{2}{5}$ Pf., so, daß also der ganze Gewinn 15 Rthl. 4 Gr. $9\tfrac{3}{5}$ Pf. betrüge, den man aber immer auf den möglichen Verlust durch ein Stück Vieh, das drauf
                              gienge,

gienge, rechnen müßte, der wahre Gewinnst bestünde im Dünger und in dem wenigen was am Ende durch die Mast gewonnen würde. Die Hauptschwierigkeit würde sich jedoch da ergeben, wo es auf die Menge der Fuhren zu gleicher Zeit ankäme, nämlich bei der Aernte. Hier müßten nicht allein meine Bauern mit Pferden alle erscheinen, sondern auch jeder einen Mann zum laden mitbringen. Ich hingegen würde nur drei Züge mit meinen sechs Ochsen haben und noch dazu einen Lader für vier oder fünf Groschen halten müssen. Nun kann ich zwar, wenn ich, wie ich es bei dieser Einrichtung fodre, Schiff und Geschirr zur Genüge habe, Wechselwagen machen, und vermöge derselben so oft als sechs Bauerwagen einfahren, meine Ochsen würden auch eben so viel ja noch mehr als die Bauern laden, aber sie würden es nicht so lang als die Pferde aushalten, und den Auflader muß ich doch bezahlen, und so bleibt am Ende nichts vom Dienstgelde übrig, als die Mühe oder der Vortheil, das Feld besser bestellt zu haben. Dem ohnerachtet finde ich die Abschaffung gut, werde aber die Frohnen selbst nie von der gehäßigen Seite betrachten, wie der Herr Geheimerath, denn ich und meine Bauern haben diese Servitut mitgekauft, ich muß dabei geschüzt werden, und er bezahlte das Gut um so viel wohlfeiler, als wenn er diese Servitut nicht darauf gehabt hätte.

Wenn ich nun die Dienste meiner Bauern angeschlagen, sie gemildert habe und mit den Bauern einig bin, wie viel und auf was für Art sie mir bezahlen sollen, so muß ich nun von der Sicherheit, das Geld gewiß zu erhalten, überzeugt seyn. Dieses ist nun der schwer-

schwerste Punkt und fodert die größte Ueberlegung. Der Bauer könnte, wenn er nicht müßte, was er nun mit seinem Vieh angeben sollte, unthätig und durch die Freiheit mehr als durch die Dienste gedrückt werden. Diesen wichtigen Umstand hat Hr. D. R. S. 21; sehr wohl vor Augen gehabt. Daher ist die Verwandlung der Frohnen in Dienstgeld nicht überall rathsam. Ich habe ein von den Städten etwas entferntes Gut, meine Bauern kommen mit Ochsen zu Hofe, und ohnerachtet sie fleißige Leute sind, so kann ich von ihnen doch nicht mehr als 20 bis 24 Rthl. fodern, ich müßte alles auf einmal thun, was ich eben zur Vorbereitung foderte, und am Ende wüßte ich wahrhaftig nicht wie sie das kleine Dienstgeld aufbringen sollten. Hier kann ich mit dem besten Willen nichts thun als das Dominium an die Unterthanen vererbpachten, wie man jezt in meinem Vaterlande an einigen Orten anfängt. Ein andres Gut, das näher den Städten liegt, wird meinen Plan leicht begünstigen, denn hier können die Bauern die Stadt benutzen und Fuhren mit Holz und dergl. dahin thun, die ihnen gut bezahlet werden. Es bleibt also allemal eine Sache von der äußersten Wichtigkeit, die Vorarbeit und viele Ueberlegung erfodert, ehe man den Schritt wagt. Und wenn ich es wage, wie ich in willens bin, so werde ich sie doch nie auf ewig frei machen, sondern nur von einem Jahre zum andern; denn

1) muß ich dem Bauer nothwendig bleiben, er muß befürchten, daß ich alle Jahre, wenn er sich übel aufführen sollte, wieder in seine vorige Verbindlichkeiten zurückweisen könnte.

2) weiß

2) weiß ich nicht wie meine Nachkommen gesinnt sind, und ob nicht die Meinung oder der Gang künftiger Jahrhunderte die Frohnen wieder nothwendig machen könne.

3) Kann, wenn der Werth der Dinge steigen sollte, auch auf diese Art jährlich das Dienstgeld erhöhet werden.

4) Kann ich, wenn der Bauer seine Zahlung nicht leistet, gleich ihn wieder in seinen vorigen Stand sezzen. Dieses kann der Privatmann thun, wenn ihn aber sein Fürst dazu zwingen wollte, ohne oder mit Entschädigung, so handelte er ungerecht, und würde nicht allein diesem, sondern seinem ganzen Lande schaden, weil keiner vorbereitet seyn würde, sein Feld ohne Nachtheil des Ganzen zu bestellen.

Ich bin kein Lobredner der Frohnen, und würde mich glücklich schäzzen, wenn ich keine hätte, und würde den Mann segnen, der das heilsame Mittel erfände, sie ohne Schaden der Herrschaften abzuschaffen. Aber sie mit Befehlen wegschaffen wollen, ist Sultanismus, ohnerachtet diejenigen, die ihre Abschaffung anrathen, das Gegentheil glauben, und die Frohnen für Despotie halten. Ich hoffe noch einmal Gelegenheit zu haben, über die Frohnen reden zu können.

Ich kenne ein Gut in einer volkreichen Gegend, noch dazu an der bevölkerten Gränze, wo vor einigen Jahren die Herrschaft und die Unterthanen über die Dienste einen Vergleich schlössen, und leztere nun Dienstgeld geben. Hier hätte ich mir den besten Erfolg vorgestellt und dennoch höre ich zu meiner größten Verwunderung das Gegentheil, die Unterthanen wünschen

ſchen in den alten Dienſtſtand wieder verſezt zu werden, und die Herrſchaft kann leicht am Ende Nahrungen ohne Beſizzer haben. Wo hier der Fehler, kann ich, da ich nur eine Erzählung wieder erzähle, nicht dar-thun.

Wenn der Herr D. Rößig S. 28. die Stuffen-folge der Bevölkerung alſo annimmt, Viehzucht, Acker-land, Weinbau, Fabriken und Handlung, ſo kann ich unmöglich ſeiner Meinung beipflichten; die Viehzucht braucht freilich wenig Menſchenhände, und eine nomadiſche Familie darf nicht ſtark ſeyn, um Meilenlange Steppen mit ihren Heerden zu durchirren.

Der Ackerbau bringt mehrere Bevölkerung hervor, weil er fixe Wohnplätze fodert, und wenn er ordentlich geführt werden ſoll, auch mit der Viehzucht verbunden werden muß. Er ſteht an ſeinem rechten Plazze. Nur der Weinbau bringt meines Bedünkens keine ſo große Bevölkerung hervor, wie Hr. R. meint. Ich kenne ihn gar nicht, da in meiner Gegend kein Wein gebaut wird. Allein, Wirthe aus jenen Gegenden Teutſchlandes, wo er getrieben wird, haben mir ihn als ſchädlich und den Ackerbau für nüzlicher erklärt. Und wenn er ſo nüzlich wäre, daß die Bevölkerung da-von zunähme, warum widerrathen ihn denn die Pfälzer und andre Wirthe? Hier liegt ein Fehler in der Staats-rechenkunſt, oder es müßten andre Umſtände vorwalten, die an einzelnen Orten die größre Volksmenge be-wirkten.

Auch in Sachſen ſoll der Weinbau einträglicher als der Ackerbau, obſchon in geringern Maaße ſeyn, ſagt der Herr D. So gern ich dieß glauben wollte, so wenig ist es mir wahrscheinlich, ohnerachtet sich der Herr Verfasser auf eine Rechnung und Gegenrechnung über Wein und Ackerbau in den Oekonomischen Nachrichten II. S. 85, die ich sehr wohl kenne, beruft. Wenn der Weinbau einträglicher als der Getraidebau seyn soll, so sezt er nach meinem Bedünken, wenige Bevölkerung voraus. Denn, wo das Getraide wohlfeil ist, da ist weniger Volk als da, wo es viel gilt, und dann kann der Weinbau mehr eintragen, als das Ackerland. Aber wo das Land bevölkert ist, da muß man das Feld mit Getraide bauen und nicht zu Weingärten umbilden. Wer Recht thut, Getraide oder Wein zu bauen, will ich aus dem neunten Stück des Leipziger Intelligenzblattes 1776. S. 72. vorlegen.

Der Dresdner Schfl. Getraide galt zu Ende Februars 1786.

	Weizen.	Korn.	Gerste.	Haber.
In Görlitz	4 thl. 8 gr.	3 thl. 2 gr.	2 thl. 6 gr.	1 thl. 6 gr.
Naumburg	2 . 9 .	1 . 20 .	1 . 1 .	— 15 .

Nun frage ich, wo ist mehr Bevölkerung, wo mehr Handlung, in der Lausiz oder im Stifte Zeiz?

Bei uns ist und bleibt der Ackerbau das nothwendigste und bringt beständig mehrere Bevölkerung hervor. Aus diesem Grunde kann ich den Weinbau nimmermehr über den Feldbau erheben, sondern muß ihn zwischen Viehzucht und Ackerbau einschieben.

Wo Fabriken und Handlung blühen, da ist Leben und Volksmenge am stärksten, allein nehmen sie den Ackerbau weg, was fangen die Fabrikanten und Kaufleute an, um zu leben. Kommt eine Theurung, so sperrt der ackerbauende Nachbar sein Land und das fabrikenreiche

reiche Land geht zu Grunde. Am Ende ist die Folge
diese dennoch, daß der Ackerbau die hauptsächlichste
Quelle des Reichthums und der Bevölkerung eines
Staates sei. Eben dieser Ackerbau ist aber auch die
Quelle aller Handlung, die aus dem animalischen und
vegetabilischen Reiche entsteht. Ohne ihn würden wir
mit keinen Tüchern, Leinwandten, Flachs, Häuten
und allem was dazu gehört, handeln können, ohne ihn
würden wir nur Kommißionäre andrer Nazionen, die
ihren Vortheil besser kennten, seyn, also ist der Ackerbau die höchste Glückseligkeit eines Staates. — Wo
Ackerbau mit Handlung und Fabrikenwesen verbunden
ist, da ist Volksmenge, denn da braucht man weder die
rohen Produkte dem Ausländer zur Verarbeitung zu
verkaufen, noch auch von ihm im andern Falle welche
zur Fabrik zu erhandeln und von seiner Gnade zu leben.

Der Ackersmann, sagt der Graf Veri in den Betrachtungen über die Staatswirthschaft S. 146, ist der
erste und natürlichste Patriot, wenn ihrer mehr werden,
wächst die Anzahl solcher Menschen, denen an der Er-
haltung des Staates was lieget.

Der große Preußische Minister Freiherr von Herzberg, sagt in seiner vortreflichen Abhandlung: über
den wahren Reichthum der Staaten, das Gleichge-
wicht des Handels und der Macht, S. 4.

„Da das Korn und überhaupt das Getraide aller
Art die sicherste und allgemeinste Nahrung zahlreicher
Nazionen liefert, so ist der Ackerbau unstreitig die
Quelle und der sicherste Grund der Substanz großer
Gesellschaften oder Nazionen. Er ist es, (im weit-
läuftigsten Verstande des Wortes) der alles Getraide,

was

was zum Unterhalte von Menschen und Thieren erfodert wird, der den Wein, das Bier, Oel, Tobak und auch das Holz verschaft. Er giebt uns Flachs, Hanf, Wolle und Seide, und also fast alles, was zur Kleidung und den übrigen Bequemlichkeiten des Lebens erfodert wird; er liefert den Fabriken, der Handlung und Schiffarth ihren vornehmsten Stoff."

Eben dieser erhabne Staatsmann sagt: S. 7. daß die erste Grundlage der Staatsglückseligkeit und des wahren Reichthums im guten Ackerbau und dem Ueberflusse der natürlichen Erzeugnisse bestehe, die Nazionalindustrie aber die zweite Grundlage ausmache, welche durch Fabriken und Manufakturen die natürlichen Produkte veredle und die künstlichen hervorbringe.

Die Fabriken in den Preußischen Staaten betrugen im Jahr 1783: 30,250,000 Rthl. Aus dieser Berechnung, die uns in eben dieser Schrift S. 30. vorgelegt worden, will ich die Fabrikaten, die vom inländischen Ackerbau entstanden, anführen.

1) Leinwand • 9,000,000
2) Seide • 3,000,000
3) Tobak die Hälfte 500,000
4) Röthe • • 300,000
5) Oel • • 300,000

13,100,000

Da aber der rechtbetriebene Ackerbau auch eine verbesserte Viehzucht hervorbringt, und er selbst nicht ohne diese bestehen kann, so gehört auch dazu

6) Tu-

6) Tücher und Wollenzeuge 8,000,000
7) Leder . . 2,000,000
8) Talg und Seife . 400,000
　　　　　　　　　10,400,000

alſo der ganze Ertrag der veredelten Produkte des Landbaues 23,500,000 Rthl., ſo, daß alſo für die übrigen Geſchäfte nur noch 6,750,000 Rthl. bleiben.

Dieſen größten Erwerb haben die Preußiſchen Staaten bloß dem inländiſchen Ackerbau zu verdanken. Und wenn auch vielleicht noch einige Millionen, für ausländiſche Wolle und Seide abgehen ſollten, ſo bleiben doch dieſe Artikel der Erwerb vom Ackerbau andrer Nationen, wozu auch der übrige Tobak und der Zucker zu rechnen ſind.

Nun nehme man die erſte Induſtrie des Landmannes weg, oder laſſe ihn Unglücksfälle treffen, wo werden denn die Millionen herkommen, und wo werden die Fabrikanten, die auf die erſte Induſtrie des Landmannes rechnen und von ihr leben müſſen, ihre Arbeit und ihren Unterhalt hernehmen? Aus einer auf einem Quartblatte gedruckten Nachricht von dem Seidenbau der Preuß. Lande im Jahre 1785, die vermuthlich von des Herrn Miniſters Freiherrn von Herzberg Exzellenz herrührt, erſehe ich, daß der Seidenbau 1784 in dieſen Landen 13432, und im Jahr 1785 nur 6723, alſo 6709 Pfund weniger betrug, woran nicht der Mangel an Fleiß, ſondern der harte Winter $\frac{1784}{1785}$, in welchem viel tauſend Maulbeerbäume erfroren, und das häufige Regenwetter im Junius und Julius, worüber

über die Seidenwürmer größtentheils starben, Ursache war. Natürlicherweise muß dieser geringe Ertrag als Verlust angesehen werden, und um den Ertrag der vorigen Jahre zu erhalten, müssen 6709 Pfund mehr dem Ausländer abgekauft werden, und das baare Geld, das sonst im Lande geblieben wäre, wird auswärts geschickt.

Die Oberlausitz hat hierinnen einen sehr großen Vorzug. Sie hat Viehzucht — die Pferde ausgenommen — Ackerbau und Fabriken in einem sehr guten sich wechselseitig unterstüzzenden Zustande, aber der Weinbau fehlt uns ganz — diese Emsigkeit in dem Ackerbau, dieses Fabrikenwesen bringt daher die große Volksmenge hervor, so, daß wir in diesem kleinen Ländchen und ohnerachtet der großen Heiden (Wälder) gegen die Niederlausitz, im Durchschnitte auf die Quadratmeile über drei tausend Menschen wohnhaft annehmen können. Im Queiskreise beträgt die Bevölkerung auf die Quadratmeile gewiß über 12 bis 13000 Seelen.

Was Hr. R. S. 31 und 32 sagt, verdient Beherzigung. Nur die Stelle, daß die Schubartsche vorgeschlagene Einrichtung unübersteigliche Hindernisse habe, schwer einzuführen und an vielen Orten gar nicht anwendbar sei, enthält mehr zum Nachtheil der Schubartschen Foderungen, als sie verdienen. Universal kann die Schubartsche Einrichtung nicht werden, weil hier die Hindernisse wirklich unüberwindlich sind, aber unser einer kann wohl dergleichen Sachen, wenn in gewissen Fällen die Unterthanen anders darein willigen, unternehmen und ausführen, ohne daß dadurch ein Dritter der nicht will, darunter leidet, oder durch unsern

Un-

Ungestüm in seinem Schlafe gestört wird. Freilich würde ich thörigt seyn, wenn ich von meinen kleinen Besitzungen auf große Länder schließen, und sie über diesen kleinen Leisten schlagen wollte. Sagen kann ich, was ich that, sagen, was andre thun sollten, könnten, aber nicht sagen, das geschieht bei mir, also soll es überall geschehen.

Was Herr D. Rößig S. 33 — 35 sagt, wünschte ich ganz weg, denn hier spricht er ganz leidenschaftlich, und zwar so, daß er in meinen Augen fast durchaus unrecht hat. Gleich der erste Satz ist schlechterdings falsch. Er sagt wider den Herrn von Schubard folgendes:

„Woher können Sie denn beweisen, daß Ihre so allgemeine Anpreisung der Kleefütterung für die Schäfereien wohlthätige Einrichtung ist? Ist es Wohlthat, wenn ein Land seiner feinen Wolle beraubt wird, und statt der seidenartigen weit gröbere bekommt, wenn seine Heerden in Gefahr des Ueberfressens gerathen und zerplatzen, oder wenn sie in Gefahr kommen in innerliche Fäulniß zu verfallen. Erinnern Sie sich noch, daß Sie mir in der Messe zu Leipzig sagten, daß sich selbst von Ihnen ein Schaaf überfressen und gefallen sei, ist dieses wohlthätige Einrichtung?"

Hiermit muß die Schlußstelle S. 35. verbunden werden, wo der Herr Verf. sich schmeichelt in seinen Versuchen über den Klee den Aufschluß über die Gröbziger Geschichte geben zu können.

Dieser Aufschluß ist auch seitdem wirklich erfolgt, wie man aus der Anzeige der Leipziger ökonomischen

Societät von der Michaelis-Messe 1785. S. 47. ersieht, wo der Hr. Verfasser die Kleefütterung der Schaafe ganz verwirft, weil er aus der chemischen Untersuchung des Klees gesehen habe, daß er viel Erde, ein schwer zu entbindendes Oel und ein schweres zur Fäulniß geneigtes Wasser bei sich führe.

Wie Sie, bester Herr Doktor, alles dieses beweisen wollen, überlasse ich Ihnen, und bin begierig die Beweise davon zu lesen.

1) Sie wollen den Klee chemisch untersucht, und Erde, fauliges Wasser und schweres Oel gefunden haben. — Ich will dieses gern glauben, allein der Chemiker fodert genauere Bestimmungen. Wie viel Pfund Klee nahmen Sie zu dem Versuche, wie war das Verhältniß, zwischen Erde, Wasser und Oel. Haben Sie andre Gewächse welche die Schaafe fressen, auch untersucht, um mit dem Klee sie zu vergleichen, welches mehr Oel, Wasser und Erde enthalte, haben Sie mit einem feinwolligen Schaafe den Versuch mit der Kleefütterung gemacht, ob die Wolle durch dieselbe gröber, oder noch feiner werde; oder im vorigen Zustande bleibe?

2) Wie konnten Sie von dem einzigen Schaafe, bei dem Herrn Geheimenrath von Schubart, das sich von der Heerde verlaufen und überfressen hatte, schliessen, daß man durch den Klee in Gefahr des Ueberfressens gerathe. Wenn man nachläßig seyn will, so ist alles möglich, aber kann da der Klee dafür? Ich weiß, daß sich eine Kuh in Rüben überfressen hatte und platzte. Soll man deswegen dem Viehe keine geben. Nun so füttre man Stroh oder Fichtenreiser, wie in einigen

Schwe-

Schwedischen Provinzen, da wird man der Gefahr vielleicht nie ausgesetzt werden.

3) Wo können Sie Beispiele aufführen, daß die nämliche Heerde, bei den nämlichen Stären durch die Kleefütterung grobwollig geworden?

4) Womit können Sie beweisen, daß durch die Kleefütterung die Schaafe in die Fäulniß gerathen? Der Klee bewirkt dieses nicht, er müßte denn ganz naß verfüttert werden, und diesem vorzubeugen hat der aufmerksame Landmann Mittel. Das Faulfressen entsteht gewiß alsdann nur, wenn Schaafe auf eine kurz vorher überschwemmte Trift getrieben werden.

Wenn Sie sich auf Gröbzig berufen, so kann das Faktum allemal wahr seyn, allein die Quelle des Unglücks werde ich, bis es mir ordentlich bewiesen wird, läugnen. Herr Holzhausen hat noch nicht sich zu vertheidigen beliebt, die andern Vertheidiger haben mehr und weniger Wahrscheinlichkeit für sich, nachdem sie der Leser finden will. Herr Stumpf, der in Gröbzig lebte, hat in der Schrift: Neueste Nachrichten über den Erfolg der eingeführten Stallfütterung der Schaafe in Gröbzig, Prag, 1785, wohl das meiste für sich, und man muß an der Wahrhaftigkeit des Mannes, der die widrige Nachricht davon drucken ließ, zweifeln. Auch Herr Stumpf würde mehr Glauben verdienen, wenn er nicht die Wahrheit durch Schimpfen zu vertheidigen suchte, wozu er vermuthlich durch sein ehrenrühriges Libell — (D. Friedr. Warners Sendschreiben an Herrn von Ochsenfred), in welchem er einen ganz unschuldigen Mann mißhandelte, verleitet worden ist.

So ungern ich es thue, so behaupte ich doch, daß alles was hier von Ihnen gesagt worden, falsch, unerwiesen und unerweislich sei. Ich will einräumen, daß die aufgelösten Theile des Klees aus Erde, schwerem Oel und fauligem Wasser bestünden, also am Klee auch nicht das geringste Gute sich befinde, so folgt daraus noch nicht, daß die Wölle dadurch schlechter, auch nicht eben daß sie besser werde, sondern höchstens daß die Schaafe nicht so alt werden könnten als jezt, welches ich demohnerachtet nicht vermuthe. — Und wem ist an dem Versuche gelegen, wie alt ein nuzbares Schaaf werden könne? Daß aber der Klee die feine Wölle nicht in grobe, eher in feinere verwandle, kann ich beweisen, wie aus folgenden erhellt.

1) Aus Youngs Reisen durch England ersehe ich, daß an denjenigen Orten, wo gute Wirthschaft getrieben und Klee gebauet wird, die Schaafe denselben gewöhnlich auf dem Felde, im Herbste auch oft im Frühjahre abfressen, und diese Einrichtung der feinen englischen Wolle nichts schadet. Auch habe ich bemerkt, daß an den Orten, wo schlechtwolliges Vieh gehalten wird, dieselbe keinen Klee haben. Sie kriegen auch Kleeheu zu fressen. Wäre der Klee den Schaafen im feinen Wolleertrag hinderlich, so würde es der aufmerksame Young gewiß angemerkt haben. Um sich noch mehr zu überzeugen lese man die Oekonomischen Nachrichten vom Jahr 1751. 2. Th. S. 302.

2) Des verdienstvollen Herrn Kammerrath Oehlers Nachricht, in dem Leipziger Intelligenzblatt 1785. S. 408. ist bekannt. Hier hatte doch das Kleeheu die feine Wolle nicht allein nicht vergröbert, sondern sie

auch

auch dafür mit dem ächten spanischen öligten fettigen Gefühl begabt. Freilich nicht so veredelt, wie der Hr. Geheimerath von Schübart angab, welches eine ehemals gröbere Wolle voraussezte; aber diese schon längst veredelte Wolle ward im Gefühl geschmeidiger. Wenn Sie Sich etwan darauf berufen, daß Wicken mitgefüttert worden, so ersuche ich Sie, auch diese chemisch zu untersuchen, wo gewiß das Resultat wieder Erde, schweres Oel und fauliges Wasser seyn wird; oder glauben Sie, daß der Klee zu Heu gemacht weniger diese Bestandtheile in sich halte, so würde auch hier eine chemische Untersuchung nöthig seyn, denn die Ihrige ist wahrscheinlich mit grünem Klee geschehen. Vielleicht ist es Ihr schweres Oel, das auf der Haut unter der Wolle sizzen bleibt, — dann wäre es Verbesserung. Je gesünder das Schaaf, je feiner die Wolle, je mehr werden sie dieses öligte fette Gefühl finden, dann ist ja aber der Klee, troz allen chemischen Untersuchungen, zu loben und anzurathen. Hr. Oehlers Zeugniß ist viel werth.

3) Wenn Ihnen das Zeugniß des Britten nicht Beweis genug ist, und Herrn Oehlers Nachricht Ihre Behauptung vom grünen Klee weder bestätiget noch widerlegt, sie dieselben also vielleicht nicht gelten lassen werden, ohnerachtet durch die Abtrocknung des Klees ihm nimmermehr ursprüngliche Bestandtheile genommen werden, — so kommen Sie in die Oberlausiz, um in der Gegend von Görliz die Fütterung der Schaafe mit Klee mit anzusehen. Noch hat niemand über das Faulfressen, über die Verunedlung der Wolle durch den Klee, über den Brand, über die Blutsturze,

und

und über andre dergleichen vermeintliche Unglücksfälle geklagt; die Schaafe sind gesund, haben reichliche und feine Wolle: und werden vom Fleischer gern gekauft.

Alle Jahre im Herbste lasse ich nunmehr die Schaafe den Klee abhüten, sie liegen fast den ganzen Tag drauf, und ich kann mit Wahrheit versichern, daß mir auch kein einziges durch Fäulniß, Verwerfen, Blutharnen, Brand oder Zerplatzen, welches die Folgen des grünen Klees seyn sollen, krepiret ist. Bei andern Landwirthen wird der Klee eben so abgehütet, und noch ist der Erfolg nirgends traurig gewesen.

Meine Lämmer habe ich 1785 das erste mal mit grünem Klee im Stalle gefüttert, er schmeckte ihnen vortreflich, sie wurden dick, keines überfraß sich. Ich werde dieses nun beständig fortsetzen, und meine Lämmer das erste Jahr niemals austreiben, sondern so lang als möglich mit grünem Klee, oder wenn dieses wegen Nässe nicht angienge, ihn klein geschnitten, mit Siebe oder Hexel vermischt, oder gar dafür Kleeheu füttern.

Der Erfolg auf die Wölle war folgender. Die Lämmerwolle 1784 galt 9 Rthl. 2 Gr. — Im Jahre 1785, bei der Kleefütterung, den nämlichen Müttern aber einigen neuen Stären, die etwas feinere Wolle hatten, als die noch beibehaltenen ältern, — 10 Rthl. 12 Gr. Die Sommerwolle ward mit 10 Rthl. bezahlt, da sie vorher nur 9 Rthl. galt. Und jezt, da meine Schaafmütter den ganzen Klee abgehütet, steht die Wolle dicht, gut, fett und ölicht. Jezt speisen sie täglich Kleeheu.

4) Bernhard fütterte ja seine Schaafe auch im Stalle mit Klee:

5) Die

5) Dieser meiner eignen Erfahrung will ich eine Thatsache beyfügen, die ohnerachtet sie etwas älter ist, als die Schubartsche Unternehmung, doch erst im vorigen Jahre in unsern Gegenden bekannt worden ist. Sie steht in den Vorlesungen der Churpfälzischen physikalisch-ökonomischen Gesellschaft, 1. Band, Mannheim, 1785. Es hat nämlich der verdienstvolle Herr Medikus S. 336 ꝛc. eine Abhandlung über die Veredlung der Wolle vorzüglich durch Winterpferchung geliefert, die eine Beherzigung verdienet, und vorzüglich von denjenigen verdienet, welche Hutung, Trift und Braache mit schneller Gewalt als Pest eines Landes abgeschaft wissen wollen, ohne die Gründe zu hören, die aus der kältern Ueberlegung bessere Plane zu dem nämlichen Zwecke zu gelangen, darreichen. Er erzählt die unangenehmen Folgen, die aus diesem unüberlegten Enthusiasmus für den Futterkräuterbau und wider die Schaafweiden in der Pfalz entstanden sind, und sagt unter andern S. 340: „unsre staatswirthschaftlichen Oekonomen haben wahrscheinlich zu früh gegen die Braache geeifert und ihre Berechnung von dem Vortheile dieser aufgehobenen Braache ist gewiß mehr idealischer als wahrer Reichthum."

Doch darüber kann ich mich hier, so richtig auch diese Bemerkung ist, nicht einlassen, sondern ich will dasjenige hier anführen, was er S. 343. erzählt.

Ein Bürger der Oberamtsstadt Ladenburg in der Pfalz kaufte im November 1781, hundert und funfzig Schaafe, mit denen er in den Jahren 1782 und 1783 den Sommer über pferchte. Er machte mit zwanzig Horden einen Pferch, ließ Futterraufen dahinstellen, und füt-

fütterte die Schaafe mit grünem Klee. Nach zwölf Stunden wurden sie in einen andern Pferch getrieben und jener unterdessen forgerückt. Achtzehn Morgen Klee waren hinreichend, sie das ganze Jahr den Sommer mit grünem Futter und den Winter mit Kleeheu zu versorgen, und ein Knecht verrichtete alles, nur wenn der Klee zu entfernt stand, ward er hingefahren. Im Jahr 1784 mußte er diese Sache aufgeben, weil die damalige Ueberschwemmung den Kleebau zu Grunde richtete.

Wenn man auch aus dieser Nachricht nicht sieht, daß die Wolle veredelt worden, weil es nicht angegeben ist, so folgt doch nicht daraus, daß sie verschlimmert ward, noch weniger aber war der Erfolg, Faulfressen, Blutharnen, Verlammen, und dergleichen mehr. Die Ausführung war glücklich wie in England und andern Orten.

Wenn der Herr D. R. sich auf die Gröbziger Nachricht beruft, so verliert diese, was die Greuel der Verwüstung unter den Schaafen betrift, immer mehr von ihrer Glaubwürdigkeit, wenn auch gleich die bereits angeführte Schrift des Hrn. Stumpfs noch nicht hinreichend ist, sie ganz zu entkräften.

6) Eben lese ich in des Herrn Amtsraths Riems physikalisch-ökonomischer Zeitung, vom März 1786. S. 256 von Herrn Löwen folgendes: „Daß die Natur in Bildung der Wolle anders zu Werke gehe, als der Chymiker in seinem Laboratorium es wähnt, dieß lehren hier (in Schlesien) die Erfahrungen der Landwirthe die ihre Schaafe seit mehrern Jahren mit Klee füttern; denn die Schaafe gewinnen wirklich bei dieser Kost an Gesundheit, Kraft und Veredlung der Wolle."

Ich

Ich hoffe nun genug zur Vertheidigung der Kleefütterung mit den Schaafen gesagt zu haben, und glaube aus eigner und aus fremder Erfahrung hinreichend
überzeugt zu seyn, daß dasjenige was man ihr nach-
theiliges zuschreibt, entweder Einbildungen sind, oder
wenn es in der Wahrheit besteht, aus Versehen übler
Anwendung oder Nachläßigkeit geschehen seyn müsse.
So wenig ich übrigens auf der einen Seite jemals
meine Bemerkungen und Einrichtungen für die besten
ausgeben, oder verlangen werde, daß alle andre Oekonomen sich nach mir richten sollen, so wenig kann ich
jedoch auf der andern billigen, daß der Herr D. seine
Ideen, die wider alle Erfahrungen streiten, so wenig
eingeschränkt hinsezt, und vielleicht, leider! Gelegenheit
giebt, daß mancher Wirth den so leicht zu erbauenden
Klee mit Furchtsamkeit füttert oder den gefaßten Ent-
schluß ihn anzubauen, wieder aufgiebt, zumal in der
Gegend, wo der Herr Verfasser lebt, von der es mir
dünkt, als ob noch viele Vorurtheile wider den Kleebau
daselbst herrschten, — denn bei uns macht seine chemische Untersuchung weiter keine Erschütterung, außer —
daß man lächelt.

Wenn übrigens trockne Trift, wo nicht so saftreiche
Kräuter wie der Klee wachsen, den Schaafen heilsamer
und zur Wolle gedeihlicher seyn solle; so müßten wir in
unserer Heide und gebürgigen Gegend die beste Wolle
haben, allein in den Heidegegenden ist sie schlecht und
wird der Stein zu 22 Pfund, mit 6 bis 7 Rthl. bezahlt;
in der gebirgigen Gegend ist sie besser, aber die schönste
werden wir hoffentlich in der Gefildegegend finden, jedoch vielleicht mit dem Unterschiede, daß bei der Trift,

die

die erstern beiden Gegenden gesündere Schaafe als die lezteren haben, weil diese eher nasse Triften gewähren möchte.

Wenn die fette Kleefütterung die Wolle verderben sollte, so wäre die Folge, daß die trockne und saftlose Fütterung der Heide sie veredeln müßte. Und doch ist in diesen Gegenden immer grobwolliges schlechtes Vieh gewesen, und doch wird ihr Futter, die Heide, wohl nicht aus jenen unglücklichen Wesenheiten bestehen, wie sie der Herr D. bei dem so gefährlichen Klee gefunden hat. Das mehrste würde wohl ein Caput mortuum seyn.

Der Herr D. sagt ferner S. 34: „Ist es wohlthätige Einrichtung, wenn man die Landwirthschaft durch mehrere zu haltende Menschen erschweret, da doch der Produktenabsaz und die Preise sich nicht mehren."

Wie dieses gesagt, dieses behauptet werden kann, daß es Schaden bringen könne, sehe ich nicht ein. Es ist wirklich die Sprache, in welcher die Schlendrianisten sprechen. Ist dieß nicht Wohlthat für den Theil des Landes, in dem mein Wirkungskreis liegt, wenn ich mehrere Leute beschäftige, wenn ich mehrere Menschen, die bei mir Brod finden, zu mir ziehe; wird nicht dadurch der Produktenabsaz, nicht der Preis des Getraides erhöht, nicht die arbeitende Klasse der Menschen, welche eigentlich nur den wahren Staat ausmachen, vermehrt? Ist dieß nicht Wohlthat für ein ganzes Land, so muß vermuthlich derjenige ein Wohlthäter des Landes seyn, der sein Gut verwildern läßt, dadurch weniger Menschen halten darf als vorher, der vielleicht schlafende Keim großer Veredlung und Vermehrung

auf

auf seinen Gütern sieht; aber lieber, um nicht durch Vermehrung der Arbeiter dem Lande einen so großen Schaden zuzufügen, sie schlafen läßt! Was der Fürst im Großen ist, muß der Gutsbesitzer im Kleinen sein; ihm muß es so lieb sein, wie seinem Fürsten, wenn sich seine Gemeine vermehrt, welches durch Fleiß, und durch Arbeit, die er ihnen giebt, geschieht. Wer dieses thut, verdient in meinen Augen wenigstens Patriot genannt zu werden. Er würde aber, wenn er verlangte, daß jeder so verfahren solte, wenigstens nicht klüglich handeln. Wenn ich zum Beweiß, hundert Scheffel Lehden von dem besten Boden hätte, soll ich diese ewig unbenuzt, ewig den Maulwürfen zur Wohnung überlassen, weil ich mit meinen Leuten, die jezt Dienste verrichten, nicht im Stande bin, sie urbar tragbar zu machen; oder handle ich nicht vernünftiger, wenn ich mehrere Leute halte, ihnen Verdienst gebe, Geld in Umlauf bringe, und den Getraide= und Futterbau vermehre? Was ist hier wohlthätige Einrichtung? So kann kein Kameralist sprechen. Diese hundert Scheffel bebaut, ist so viel, als wenn der Landesherr hundert Scheffel Land erobert hätte. Und wie viel Tausende mögen in Sachsen wüste liegen, die auf diese Art erobert werden könnten! Man sehe die vortrefliche Schrift: Gedanken über in Sachsen wüste liegende Fluren, von dem Herrn Amtmann Petsch, Leipzig 1782. 38 Seiten in 8. In dieser kleinen aber gut durchdachten Schrift, nimmt der Verfasser in seiner Gegend bei Oschaz und Mutschen mehr als zehntausend Scheffel Aussaat unbebautes, nicht einmal mit Holz bewach-

C senes

jenes Land an. Wenn diese mit Kolonisten besetzt würden, welcher Wachsthum des Ganzen! Wenn aber der Herr Verfasser gleich auf der ersten Seite in einer Note sagt a): „Sogar wenn dergleichen Fluren auch nur von schon vorhandenen benachbarten Einwohnern neben ihren Gütern bewirthschaftet werden, ist ein Zuwachs nicht nur an Lande, sondern auch an Leuten, weil eines Theils deswegen wenigstens mehreres Gesinde ꝛc. gehalten werden muß, und andern Theils zur Sättigung mehrerer Menschen mehr Brod erbaut, auch zu mannichfaltiger Nahrung derselben mehr Gelegenheit verschaft wird"; so kann er nach den Grundsäzen des Herrn D. nicht als ein Patriot betrachtet werden, der einen wohlthätigen Plan vorschlägt.

Der Graf Veri (S. 129.) nimmt zwar den Grundsaz an, mit der möglichst kleinsten Arbeit den jährlichen Ertrag möglichst zu vermehren, allein dieses ist nicht das, was unser Hr. W. sagt, sondern es heist nur so viel, was durch wenige Personen geschehen kann, muß man nicht durch viele zu bewirken suchen. Daß aber der Vortheil des Staates wächset, wenn sehr viele Personen durch unsre Einrichtung beschäftiget werden, sieht dieser Staatsmann wohl ein, und sagt deswegen S. 257. man solle diejenige Gattung von Ackerbau vorziehen, durch welche der jährliche Ertrag mehr vergrössert, und eine grössere Anzahl Hände beschäftiget werde.

Das übrige, was Hr. R. ob es wohlthätig sei, befragt, verstehe ich theils gar nicht, theils scheinen es Umstände zu seyn, in die sich ein Dritter gar nicht zu mischen

mischen hat, sondern dem Hrn. Geh. Rath Schubart zur Beantwortung überlassen muß. Darinnen hat der Hr. W. vollkommen Recht, daß der Staatsmann, der ohne Vorbereitung, Aenderungen, wie die Abschaffung der Hutung, Trift und Brache sind, vornehmen will, nicht weise handelt, sondern dadurch, wenigstens auf eine lange Reihe von Jahren, Fabriken und Feldbau zu Grunde richten könne.

Meine Meinung, von der ich aber weit entfernt bin, sie für unfehlbar zu halten oder andern aufzudringen, ist folgende: das Brachhalten oder nicht halten werde in denjenigen Ländern, wo sie nicht gesezmässig, oder durch Vergleiche, oder durch uralte Gewohnheit erfodert wird, dem Gutbefinden eines Jeden überlassen. Denn die Landwirthschaft läßt sich so wenig fesseln, als die Handlung, und der Fürst hat nicht das Recht, seine Unterthanen zu zwingen, dieß oder jenes zu bauen, ohnerachtet es Herr Staab staatswirthschaftliche Betrachtungen, Tübingen 1784. 8. glaubt. Wo aber Geseze, Vergleiche, Gewohnheiten da sind, da kann der Kameralist, ohne ungerecht zu handeln, nichts thun, als durch Vorschläge zu Compensazionen das Uebel zu heben suchen.

Hutung und Trift kann auch nicht anders, als wenn die Partheien Lust haben, aufgehoben werden. Ich will den Fall annehmen, daß in Sachsen die Triftgerechtigkeit der Herrschaften auf der Unterthanen Feldern abgeschaft werden sollte, und diese dafür ein gewisses Triftgeld erlegen müßten, so würde ich dieses Recht verlieren, oder von ihnen keine Entschädigung erhalten. Denn sie würden sagen, so wie die Herrschaftschaftlichen Schaafe unsere Felder abhüten, so thun wir es auf den herrschaftlichen Feldern mit unsern Kühen; wollte man ihnen sagen, daß die Schaafhütung ihrem Klee schade, so würden sie darüber lachen; indem sie aus der Erfahrung das Gegentheil wissen; — und so würde ich mein Recht ohne Vergütung vielleicht verlieren.

Diese Abschaffung würde mir in der Lage, in der ich mich befinde, weniger drückend seyn, aber wie würden diejenigen Herrschaften zurecht kommen, die weniger vorgearbeitet haben, als ich?

Nur da, wo Gemeinhutungen, große Viehweiden sind, sollte die Theilung befohlen werden, denn dadurch verliert Niemand nichts, sondern Jeder gewinnt dabei.

Was der Herr D. von der Wirkung des Kreditsystems des Adels in Schlesien sagt: S. 43, daß der Werth der Güter steige, ist wohl nicht ganz richtig. Vors erste scheint es, als ob der Adel in Schlesien diesem Systeme gar nicht gut sei, weil ich von einigen erzählen gehört habe, daß sie sich aus demselben zu ziehen suchen, und lieber an Privatpersonen schuldig seyn wollen, als dem Ganzen. Man lese bei dieser Gelegenheit die merkwürdige Rede eines schlesischen Landstandes in einer Kreisversammlung in Büschings wöchentlichen Nachrichten, 1786. 13tes St. S. 97. Vors zweite ist der Werth der Güter dadurch noch nicht um ein Achttheil Prozent gestiegen. Ich weiß den Fall, daß man auf ein Gut, das über drei tausend Rthlr. jährlich einbringt, funfzig tausend Rthlr. bot; ich weiß, daß man nicht anders, als zu sechs Prozent Nutzen

kaufen

kaufen will. Also sind die Güter nicht dadurch gestiegen, sondern sie sind weit niedriger, als in der Nachbarschaft. Dieses kömmt vielleicht auch mit davon her, weil der König nicht ohne besondere Vergünstigung erlauben will, daß Bürgerliche sich ankaufen dürfen, wovon ich den Grund nicht angeben kann; ob er meint, daß nur der Adel gut wirthschaften könne, kann man nicht beurtheilen; dadurch entgehen viele Kauflustige, die bald den Werth der Güter höher als das Kreditsystem hinaufbringen würden.

Im 3ten Bande der Schlesischen ökonomischen Sammlungen stehen S. 154 und 164. zwei Abhandlungen für und wider diese Einschränkung des Bürgerstandes; wie man auch in des Hrn. von Benekendorf kleinen ökonomischen Reisen 1sten Bande etwas darüber findet.

Man sieht es ihm daselbst S. 93 an, wie es ihm nicht gleichgültig ist, daß doch der Bürgerstand in der Neumark über eine Million Thaler Güter besitzt.

Ob es übrigens gut sei, wenn jeder Bürgerliche sich ankaufen könne, weiß ich nicht. Ein Gut zu besizzen, erfodert mehr als eine gute Furche selbst machen zu können. Daß der Bürgerstand aus mehreren Klassen bestehe, ist gewiß, und ich hoffe, daß selbst der Herr Präsident von Benekendorf einen kleinen Unterschied zwischen den bürgerlichen Ministern, Necker und Michaelis, und dem Fleischer, dessen Bildniß man in Sebaldus Nothankers Leben findet, zu bemerken die Gnade haben werde. Doch ich kehre zu dem Herrn D. Rößig zurück.

Das schlesische Kreditwesen spricht nicht für desselben System mit den Bauern. Wir haben in der

Ober-

Oberlausitz kein solches Kreditsystem, wie der schlesische Adel, und doch hat jeder Kredit, und der Fall wird selten seyn, daß ein Gut anders, als zu vier Prozent Nutzung verkauft würde.

Was der Herr Verfasser von der Waldgräserei und ihrer Benutzung durch das Rindvieh sagt, ist vollkommen richtig. Ich spreche hier aus Erfahrung.

Auf meinem Gute besitze ich vortrefliche Waldungen, in welchen schöne Kräuter wachsen. Die Butter davon ist eine von der schönsten im Lande; und die Benutzung der Kühe ist erträglich. Vorm Jahre fieng ich daselbst an Klee zu bauen, die Kühe fanden allemal, wenn sie von der Weide zurück kamen, die Raufen vollgelegt. Diese Einrichtung erhöhete den Ertrag meines Viehes sogleich auf einmal, und selbst die Butter ward noch schöner; dieses veranlasset mich hier eine zehnjährige Rechnung von dem Ertrag der Kühe daselbst blos an Butter, nicht an Kälbern, Milch ꝛc. und dergleichen zu geben. Unsere Rechnungen gehen, wie es sich gehört, allemal mit dem 1sten Jul. an. Die Kanne Butter will ich durchaus zu sechs Groschen anschlagen, der Inhalt der Zahlen ist folgender. Z. B. Im Jahre $\frac{1776}{1777}$ nämlich vom 1sten Julii 1776 bis zum lezten Junii 1777 waren 21 Kühe, welche 441 Kannen Butter gaben, diese betragen zu 6 Groschen 110 Thaler 6 Gr., auf jede Kuh kommen 21 Kannen, welches in Gelde beträgt 5 Thaler 6 Gr. Mit den Brüchen habe ich mich nicht abgegeben.

K.

	R.	K.B.	Thlr.	Gr.	R.	K.B.	Th.	Gr.
1776/1777	21	441	110	6	1	21	5	6
1777/1778	21	509	127	6	1	24	6	—
1778/1779	20	436	109	—	1	21	5	6
1779/1780	19	431	107	18	1	22	5	12
1780/1781	22	467	116	18	1	21	5	6
1781/1782	21	471	117	18	1	22	5	12
1782/1783	23	440	110	—	1	19	4	18
1783/1784	19	461	115	6	1	24	6	—
1784/1785	16	476	119	—	1	29	7	6
1785	16	576						

1786 im März bis zum lezten Jun. rechne ich, wie der vorjährige Ertrag im Frühjahrs war 171 186 18 1 46 11 12
        747

Aus dieser Berechnung sieht man, daß der Nutzen einer Kuh an Butter ohne Kälber und Milch sonst über $5\frac{1}{7}$ Rthlr. betrug; 2.) daß dieser Nutzen fiel, als $\frac{1782}{1783}$ mehrere Kühe gehalten wurden. 3) Daß er bei wenigern Kühen besser war. 4) Daß gleich die Nuzzung derselben, als sie im Junius 1785 Klee erhielten, auf 7 Rthlr. 6 Gr. stieg, welche vorher nie so hoch gewesen war, und 5) daß in diesem leztern Jahre die Butternuzzung noch einmal so hoch ist, als vorher; denn da ich zuvor 21 bis 22 Kannen vom Stück erhielt, so kann ich jezt 46 Kannen rechnen, und $11\frac{1}{2}$ Rthl. ist ein ansehnlicher Ausschlag gegen $5\frac{1}{7}$ Rthl.

Auf diesem Gute werde ich wohl schwerlich jemals die Stallfütterung einführen, sondern die Weide beibehalten, weil ich auf diese Art den Wald benuzzen kan, auch über dieses andre Nebenumstände, worunter z. E. alsdenn nothwendige Baue, desgleichen der enge Raum der Hoferöthe, ferner meine Abwesenheit gehören, mich abhalten. Auf einem andern Gute habe ich mehreres Vieh, aber keine gute Hutung, hier habe ich schon die Stallfütterung eingeführt, allein ich muß aufrichtig versichern, daß die Butter sehr gut ist, jedoch jener nicht gleich kommt, und daß ich zweifle, daß der Ertrag derselben so hoch, wie auf jenem Gute seyn werde. Ich muß aber auch gleich dabei erinnern, daß ich dieses Gut auf die erbärmlichste Weise ruinirt mit dem elendesten Viehstamme übernahm, und ohnerachtet das schlechteste bereits fortgeschaft und mit eignem erzognen Vieh vertauscht worden, dennoch das Ganze lange nicht so beschaffen ist, wie auf Jenem, wo das Vieh beständig gut gehalten ward. Dafür bekomme ich

ich hier freilich, etwas mehr Dünger, als dorten, jedoch ist auch dieser daselbst kräftiger, als sonst, da sich die Fütterung geändert hat. Ich werde daselbst künftig noch mehr Klee und auch Luzerne anbauen, und bin versichert, daß ich, die Menge des Düngers ausgenommen, den nämlichen Nutzen wie bei der Stallfütterung haben werde. Auf der andern Besitzung aber werde ich diese nie eingehen lassen, weil ich mir hier durch die elende Weide auf alten Lehden den empfindlichsten Schaden zuziehn würde.

Dasjenige, was Herr R. in einem Beispiel von dem Erfolge einer jählingen Verwandlung der Trift und Hutung in Geld S. 45 sagt, ist meines Bedünkens vollkommen richtig. Unsere Fabriken würden verderben, die Güter an Werthe verlieren, und die Menschen, die von den Fabriken leben, ohne Nahrung seyn, auswandern, und der Staat einen unersetzlichen Verlust leiden.

Nur den Satz, S. 46: Klee nutzt für feine Wolle nichts, am wenigsten grün verfüttert, streiche man klüglich weg; denn er ist wider die Erfahrung, und hier gilt Erfahrung mehr, als eine ausstudirte Hypothese. Was der Geh. Rath von Schubart S. 47. behauptet, (s. Schriften VI. S. 22.), daß die Naturalfrohndienste an dem Tieferfinken des Wohlstandes eines Staates eine der Hauptursachen mit sind, kann nicht als allgemein wahr angenommen werden. Ein Staat befindet sich im Wohlstande, wenn Handlung und Fabriken getrieben werden, Ackerbau und Viehzucht vermehrt wird, die Menschenmenge steigt, das Geld niedrig, und die Lebensmittel hoch stehn, und das baare Geld leicht zu haben ist. Nun nehmen sie die

Oberlausiz, Handel und Fabriken steigen, die Menschenmenge vermehrt sich jährlich auf wenigstens zweitausend Köpfe, und dieses natürlicher Weise am mehresten auf dem Lande, das Geld steht niedrig, und die Lebensmittel werden theurer. Und doch werden wenige Dörfer seyn, wo nicht jeder Wirth Hand oder Spanndienste thun muß; und doch giebt es Landleute, die vier, zehn, zwanzig auch wohl bis achtzig tausend Thaler im Vermögen haben, und doch werden jährlich viel neue Häuser ausgesezt, und gewöhnlich mit Diensten belegt, und doch steigen so wohl die Besizungen der Unterthanen als die Rittergüter täglich.

Bei uns also bewirken diese Dienste keinesweges den Verfall des Landes, wenn sie gleich nicht die Ursache sind, daß das Land gut steht. —

Herr D. R. kommt S. 53. noch einmal auf die Frohnen zu reden, zeigt ihren Ursprung, der nicht so gehäßig ist, wie ihn der Herr von Schubart darstellt.

Dieser Ursprung der Frohnen ist vielleicht so alt als die Nazion selbst, denn schon Tacitus kennt sie in seiner Abhandlung über Germanien, 25stes Kapitel. Schon damals hatte jeder Herr seinen Leibeigenen eigene Wohungen und Haushaltungen angewiesen, von denen sie Abgaben entrichten mußten. Diese Grundstücke waren also Laßgüter, die dem Herrn gehörten, der sie wieder wegnehmen und mit einem andern besidein konte, wenn er wolte. Unter diese Landleute wurde, wie das 26ste Kapitel des Tacitus ausweist, das herrschaftliche Land jährlich vertheilet, und nur der Theil, der zur Braache oder zur herrschaftlichen oder Gemeinnuzung gebraucht wurde, war von dieser Eintheilung ausgeschlosgeschossen. Als der Haß der Nazion gegen den Ackerbau in den folgenden Jahrhunderten sich minderte, und das ganze System änderte, so wurde auch von den Landeigenthümern diese Methode abgeschaft. Die Leibeigenschaft blieb, auch die Besizzungen der Unterthanen blieben Laßgüter, anstatt der jährlichen Vertheilung aber erhielt jede Nahrung ein gewisses Stück Feld, bald mehr bald weniger, das übrige Feld behielt der Herr, und ließ nunmehr die Leibeignen ihre ihm schuldigen Dienste in der Feldwirthschaft verrichten. Dieß ist meines Bedünkens der wahre Ursprung der Frohnen; wie er aber von den Rechtsgelehrten und Geschichtsforschern angegeben wird, weiß ich nicht, da der Oekonom sich selten mit solchen Schriften beschäftiget.

Nicht alle Leibeigenen wurden possessionirt, denn man muste Handwerksleute haben, welches alles Sklaven waren, so hat z. B. das Salische Gesetz (beim Georgisch S. 33) unter den Leibeigenen folgende Personen: Hausvoigt, Marschall, Schmidt, Goldschmidt, Zimmermann, Winzer, Schweinhirten, Müller. — Das Burgundische (Eb. S. 349. 356) nennt ausser den Ackerleuten, Schweinhirten, Goldschmiede, Silberarbeiter, Schuster, Schneider, u. s. f. Mancher Herr erlaubte ihnen auch, für Fremde zu arbeiten. Wenn es nicht so sehr aus dem Wege läge, so könnte das vermeintliche Verbietungsrecht der Städte, daß keine Handwerker und Handlung auf dem Lande seyn solle, hier gewiß nicht zu ihrem Vortheil untersucht werden.

Karl

Karl der Grosse, der uns in seiner Instruktion für seine Verwalter einen vortreflichen Beweiß seiner grossen Einsichten in das Staatsinteresse verlassen hat, (Capitul. de Villis op. Evvardi de Reb. Franc. Orient. l. p. 913) fodert schlechterdings daß seine Vorgesezten auf seinen Gütern ja dafür sorgen sollen, dergleichen tüchtige Leute in ihren Frohnen (feruitia) zu haben. Eben so sorgte er aber auch für Leute, die seine Feldwirthschaften bestellen musten. In einem Kapitulare vom Jahre 813 befiehlt er seinen Verwaltern §. 19 (Georgisch p. 780), daß sie, wo sie nur irgend geschickte Leute auftreiben könnten, denselben ein Stück Wald zum Ausroden, und also auch zur künftigen Anbauung einräumen sollten, damit die Hofedienste vermehrt würden. In dieser Nachricht findet man zugleich meine Meinung vom Ursprunge der Frohnen bestätigt; die Leibeignen erhielten Ländereien umsonst, musten aber entweder bestimmte oder unbestimmte Dienste dafür thun. So entstand nun der Namen Serui casati und non casati oder angesessne Fröhner und unangesessne Dienstleute.

— Schon zeitig wurden diese Hofedienste oder Frohnen bestimmt und dadurch künftigen Streitigkeiten vorgebeuget. So finden wir im Baierischen Gesez Cap. XIV. (Georgisch p. 262) bestimmt, was die coloni oder ſerui ecclesiae für Dienste haben sollen.

Da aber diese Bestimmungen immer noch nicht genau genug waren und der Fleiß der Landleute erkaltete, so wurden durch die Milde der Herrschaften, Urbarien abgefaßt, und alles genauer bestimmt. So hat man

das

das weitläuftige Urbarium des Stiftes Mormünster in Schœpflini Alſatia diplomat. I. 224 ſq. und viele andre.

Im 13ten und 14ten Jahrhunderte fing man an die Laßgüter in erbliche, auch nach Gelegenheit die Frohnen in Geld zu verwandeln.

Schon im Jahr 1257 verwandelte der Abt von Nieder Altaich die Zinſen und Dienſte in Flinsbach in Geld, weil ihm, da die Burg daſelbſt zerſtöret worden, die Nahrungen losgegeben worden waren. Jeder Bauer giebt für Bier, Steuern, Lämmer, Juchert, Mädern, Rechen, Schnittern, Düngerführen und dergleichen jährlich funfzig Pfennige (ſ. Monum. Boica XI. 51.)

So machte Kaiſer Ludwig 1330 die Bauern in Ober Amergau, ſie mochten Hof oder Huben haben, erblich, muſten aber ihre Güter jährlich verzinſen (Monum. Boica VII. S. 233.). Nur die Klöſter wollten ſpäterhin nicht dran. In einer Urkunde des 13ten Jahrhunderts ſteht folgendes:

„Soviel vnd es mag geſein vnd des goßhaus Not mit zwinge iſt vil nützer die Güter nit zu zerlaſſen auf Leibgeding noch Erbrecht dann die zu verkümmern, ſicut longa docuit experientia." (Monum. Boica VIII. 111.)

Dieſes ſei genug zur Geſchichte der Frohnen, ſie beruhen auf alten Verträgen, die immer auf einem Gute anders ſind, als auf dem andern. Auf dem einen z. B. kommen die Bauern mit vier Pferden, auf dem andern mit zweien zu Hofe, hier thun ſie vier, dort drei und anderwärts zwei Tage. Ein ähnlicher Fall iſt

ist mit den Handdiensten, sie mögen nun Koßäten, Gärtner, Häusler, Büdner, Einspänner, oder wie sie wollen, heissen, bald thun sie viel bald wenig Dienste, bald kommen sie allein. Bald mit ihren Weibern zu Hofe, bald bekommen sie Lohn und Essen, bald eines nur allein, bald gar nichts. Kurz es sind fast so viele Fälle möglich als die Versetzung der Neunzig Nummern der Zahlenlotterien gewähret. Und diesen Koloß soll eine Regierung einstürzen? Wem soll sie Unrecht thun, wem nicht, oder soll sie nach den Gewohnheiten eines jeden Ortes die Frohnen in Geld verwandeln; das würde eine sehr langdaurende Kommission geben, die mehr kosten würde, als der eingebildete Gewinst des ganzen Landes betrüge, und dann noch mehr. Wenn auch so eine Kommission sagen und zur Norm annehmen wollte, der Bauer der mit zwei Pferden zweimal wöchentlich kommt gibt funfzehn und der dreimal kommt zwanzig Rthlr. so kann immer der Fall seyn, daß der erstere eine ganze Hufe, und der andre nur eine halbe, oder jener guten Boden, dieser schlechten besizt, jener den Städten näher liegt als dieser, und so könnte der mit vielem Dienstgelde leicht verderben; so wie auch der umgekehrte Fall möglich wäre. Wollte man das Dienstgeld nach Hufen und Ruthen bestimmen, so müste wenigstens die Oberlausiz erst ausgemessen werden; denn obgleich bei uns die Hufe überall zwölf Ruthen hat, so weiß doch noch niemand genau anzugeben, wie viel Scheffel Land zu einer Ruthe gehören; bald habe ich vier, bald fünf, bald mehr Dresdner Scheffel Aussaat, ohne Wiesen, Teiche und Waldung gefunden.

Diese

Diese alten Verträge auf denen die Frohnen beruhen hat nicht die Landesobrigkeit gemacht, denn sonst würden sie nicht in den nächsten Ortschaften so ganz verschieden unter sich seyn, sondern die Landeigner entwarfen sie mit ihren Kolonisten, denen sie eine Wehre gaben, und machten dieselben hart oder leicht, je nachdem sie die Gnade hatten zu geruhen Menschen als Menschen zu behandeln. Dieses sind also die Paciscenten und diese allein sind im Stande gemeinschaftlich diese Verträge aufzuheben und andere an ihre Stelle zu setzen. Die Regierung hat nichts dabei zu thun, sie hat nur den einen Theil zu schützen, wenn der andere einseitig sein oder seiner Vorfahren gegebenes Wort brechen wollte, und hat die Mittel ihn zu seiner Schuldigkeit zurück zu führen. Wollte sie, die nicht die Stifterin der Frohnen ist, den einen Theil, sie aufzuheben, und den andern, Geld dafür zu erlegen, zwingen, so würde sie ungerecht handeln und das wahre Wohl ihres Staats verabsäumen. Aufmuntern kann sie ihre Vasallen, sich mit ihren Unterthanen über diesen wichtigen Umstand zu vergleichen, auch die Linien zeichnen, nach welchen das Ganze behandelt werden könnte, aber mehr nicht. Und auch aus diesem Schritte könnten zwischen Herrschaften und Unterthanen so viel Prozesse entstehen, wie in Schlesien bei der freiwilligen Gemeinheitsauseinandersetzung, die der große Friedrich so gerne ins Werk gesezt sähe, und niemanden dazu nöthigte, entstanden. (S. die physikalisch ökonomische Zeitung 1785.)

Vortrefflich handelt in einem ähnlichen Falle die Königl. Kurfürstliche Regierung zu Stade, welche so
gern

gern das wechselseitige Hüten auf benachbarten Wiesen im Frühlinge und Herbste abgeschaft wissen wollte. Sie wählt nicht den Weg des Verbotes oder schlägt die Mittel und Wege vor, derer man sich bedienen müste, sondern trägt ihren Beamten auf, alles mögliche zu thun, um die interessirten Theile zu der Aufhebung und einem Vergleiche darüber zu bewegen, und jedes Jahr Nachricht von dem Erfolg ihrer Bemühung zu erstatten, s. Schlözers Staatsanzeigen 3r. St. S. 297. Auf diese Art ist es möglich, die edelsten Zwecke mit leichter Mühe zu erlangen.

Dem Patrioten bleibt nichts übrig als zu wünschen, daß die Landeigenthümer in ihren Besizzungen, diese Frohnen nach der Lage und Einrichtung ihrer Güter in Geldabgaben verwandeln mögten. Er kann Vorschläge thun, Projekte entwerfen, das Edle der That demonstriren, dann hat er seine Pflicht erfüllt, aber die Fürsten dazu auffordern und dergleichen, dieß ist zu weit gegangen, und giebt die gegründete Vermuthung, daß er mit der Sache, die er auf seine Art durchsezzen will, nicht bekannt genug sei.

Ich finde S. 55 wieder eine Bemerkung die nicht richtig ist. Der Herr D. will dem Hrn. Geh. Rath nicht die Vermehrung der Pferdezucht einer Kursächsischen Provinz durch den Anbau der Futterkräuter einräumen, und versichert, daß er so, wie jeder einsichtige Landmann, Pferde mit Klee, Luzerne und Esparsette gefüttert und erzogen, nicht kaufe. Ich weiß die Gegend nicht, von der Herr von Schubart spricht, aber die Gegend glaube ich zu errathen, wo die einsichtigen Landleute, das sind eigentlich diejenigen, deren

Ver-

49

deren Verstand noch viel zu sehr umnebelt ist, als daß sie die Wohlthat des Klees erkennen sollten, wohnen, von denen der Herr D. redet. Aber von der Möglichkeit der Vermehrung der Pferdezucht durch die Futterkräuter bin ich überzeugt, so wie auch der Hr. D. auf meine Verantwortung Pferde, die mit Klee gefüttert worden, kaufen kann. Der gewiß jedem Oekonomen verehrungswürdige Herr von Benekendorf hat längst dadurch, daß er Regimentspferde in Verpflegung nahm und mit Klee fütterte, seine Unschädlichkeit bewiesen, und bei uns in der Oberlausiz kenne ich viele Wirthe, die, da sie den Kleebau ins Große treiben, ihre Pferde mit demselben vollauf füttern, und ich soll noch die erste widrige Nachricht erfahren. Auch meine Pferde haben grünen Klee erhalten. Vielleicht aber halten jene Wirthe die dergleichen Pferde nicht kaufen wollen, viel auf die schädliche Nachthütung derselben, oder treiben sie wenigstens am Tage ins Gras, da ich freilich selbst wiederrathen muß, mit Klee gefütterte Pferde zu kaufen, weil diese bald ihre Glätte, ihr feistes Ansehen und ihren Muth verlieren würden.

Es verlohnte in der That der Mühe, daß man einmal eine pragmatische Geschichte des Kleebaues schriebe. Es würde dieses eine herrliche Sammlung von Widersprüchen geben. Zum Beispiel etwas von der Fütterung: 1) er soll den Schaafen schädlich seyn. Darüber habe ich bereits gesprochen; 2) den Pferden. Dieß sagt auch Herr Bergen, Anleitung für die Landwirthe zur Verbesserung der Viehzucht S. 249. Eben schlage ich in Youngs Reisen durch England 4ter Theil S. 210 auf, und lese, daß an einem Orte die Esparsette mit

D   den

den Pferden grün verfüttert würde, wie Luzerne und Klee. Also in England, wo die trefliche Pferde- und Schaafzucht ist, schadet beiden der Klee nicht.

In den Niederlanden und Jülich werden die Pferde ohne Schaden auch mit grünem Klee gefüttert, s. von Pfeiffer kritische Briefe, 3ter Heft, S. 10.

In Suffolk glaubt man, das Kleeheu sey nur den Arbeitspferden aber nicht den Reitpferden gut, s. Beckmans Beitr. zur Oekonomie, I. S. 21.

3) Den Ochsen. Dieses behauptet der Herr von Benekendorf, der ihn mit den Pferden füttert. Herr Bergen zeigt 244. das Gegentheil. Bei uns werden Ochsen häufig mit Klee gefüttert.

4) Den Schweinen. In England glaubte man, es sey den Ferkeln schädlich, aber in Youngs Reisen IV. S. 94 beweist eine lange Erfahrung das Gegentheil.

Der Herr D. vertheidigt S. 59 f. sich und die ganze Stubenökonomie gegen den Herrn Geh. Rath. Ich denke freilich auch, daß der Feldbau nicht in der Stube getrieben werden könne, und finde diese Wissenschaft zu menschlich, und zu vielen Umständen unterworfen, als daß man sie in der Stube bestimmen, oder gar algebraisch berechnen könne. Daher bekenne ich grundehrlich, daß ich von des Herrn Prof. Langsdorfs Abhandlung, Anwendung der Analysis auf die Beantwortung einer landwirthschaftlichen Frage: wie viel Ackerland und wie viel Wieswachs und Vieh muß ein Landwirth, der eine bestimmte Anzahl Länderei hat, bei einer gegebnen Bauungsart besitzen, um grad das nöthige Futter und Stroh für das erforderliche Vieh, und zugleich von dem erforderlichen Vieh, die zu

Bauung

Bauung des Ackerlandes nöthige Düngung zu bekommen, (in s. drei ökonomisch-physikalisch-mathematischen Abhandlungen. Erfurt 1785. S. 15) nicht ein Wort verstehe, und nur so viel einsehe, daß, wenn der gegebene Saz 10 Scheffel Land wäre, und das eine Gewende, auf einem Berge von dem andern abgesondert liegend, vier Scheffel betrüge, und also keine gleiche Eintheilung zuliesse, das ganze Verhältniß zwischen Ackerland, Wiesenwachs, Dung, Viehstand und Stroh (S. 31), das der gelehrte Herr Verfasser demonstrirte, von selbst wegfallen müste.

Doch zu den Stubenökonomen. Der Herr D. erzählt ihre Thaten S. 61, die aber gröstentheils Früchte und Werke der Chemiker und Physiker sind. Das ist freilich keine Kunst, daß mir der Theoretiker sagt, auf kaltem Acker sollte man hizzigen, und auf andern kalten Dünger bringen, oder der Pferdemist ist hizzig und der Kuhdünger kälter; er muß mir die Bestandtheile meines kalten Bodens, und die Gründe, warum er kalt ist, ob es äussere oder innere sind, ob sie gehoben werden können oder nicht, anzugeben wissen. —

Der Stubenökonom kommt mir vor, wie ein so genannter teutscher Advokate, das ist ein Mann, der den Bauern juristische Aufsäze, Memoriale und dergl. macht, ohne die Rechte zu kennen. Er kann ein braver Mann seyn, und doch Schaden stiften. So der Theoretiker. Besizt er chemische und physische Kenntnisse, so kann er viel gutes lehren, aber er wird Hypothesen wagen, die auf den Schreibtisch und nicht auf den Feldbau passen. Und wenn er ganz richtig beweist, daß das Quadrat der Hypothenuse dem Quadrate der beiden Kathedorum gleich

D 2 sei,

sei, so wird er dem ohnerachtet dadurch auf die wahre Oekonomie nichts bewirken.

Gereicht dieß zum Lobe der Stubenökonomen, wenn einer behauptet, die spanischen Lämmer würden nackend gebohren; ein andrer meint, im Hirse gebe es keinen Brand; ein dritter glaubt, die Erdbirnen (Kartoffeln) wären dem Viehe schädlich und dergl. mehr.

In einer kleinen Schrift über den Geldmangel in Sachsen, wird ein allgemeiner Getraidepreis vorgeschlagen, und dieser nach unsern Preisen, so niedrig gesezt, daß wir denselben sehr verbitten müssen.

In dem lehrreichen Wittenberger Wochenblatte, wird der in aller Hinsicht so nüzliche Kartoffelbau als dem Getraidebau nachtheilig verworfen, und doch haben tausende demselben ihr Leben zu verdanken, und doch bewirkt er, wenn er recht getrieben wird, die vortreflichsten Ernten.

Unter diese Verirrungen des theoretischen Oekonomen, gehört auch die chemische Untersuchung des Klees, den der Herr D. der Wolle und der Gesundheit der Schaafe so äusserst nachtheilig findet. Der erste Fehler des Korns, sagt Plinius, ist der Haber, und der erste Fehler der theoretischen Oekonomen besteht in Hypothesen. Aber doch können Dinge den denkenden praktischen Wirth auf Wahrheiten leiten, die er vorher nicht kannte, nur müssen sie nicht natürliche Begebenheiten falsch vortragen, und am wenigsten die nackte Geburt der spanischen Lämmer lehren.

Mich wundert bei dieser Gelegenheit nichts so sehr, als daß der Herr D. Rößig, der uns eine eigne Abhandlung über den Landbau der Römer; (in s. Versuchen

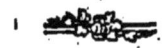

suchen über die ökonomische Polizei. Leipz. 1779) und in seinen Beiträgen zur Oekonomie Baireuth 1781, einige nutzbare Bemerkungen aus dem Ackerbau der Römer und Beyträge zu der Ackerbaugeschichte derselben lieferte, in seinem Eifer wider die Fütterung der Pferde mit Klee, Luzerne und Esparsette, hier nicht bemerkt hat, daß bereits die Römer die Luzerne ausserordentlich gut fanden, ihren Anbau weitläuftig beschrieben, und selbige mit, den Pferden fütterten. Denn die Medica, von der die alten Oekonomen reden, ist doch wohl nicht etwan was anders als die Luzerne, die auch daher von dem Ritter Linné mit dem Namen Medicago satiua belegt ward; eben so ist der von den Alten so sehr gelobte Cytisus schwerlich etwas anders als die Sulla. Columella de Re rustica. V, 12. Man lese nur das Lob derselben beim Columella II. cap. 11. der sie allen übrigen Futterkräutern als das vornehmste voranschickt, ihre Dauer auf zehn Jahre und ihre jährliche Nutzung auf Viermal setzet. Sie macht, sagt er, feist, und ist dem kranken Vieh eine Arzenei, — also nicht schädlich. — Ein Morgen Acker reicht ein Jahr lang zum reichlichen Futter für drei Pferde. Das Feld wird durch sie gedüngt ꝛc. Das nämliche sagt Palladius L. V. tit. I, daß ein Morgen Land reichlich drei Pferde ein Jahr lang zu erhalten im Stande sei. —

Was der Herr Verfasser S. 67 über die Freylassung der Leibeignen sagt, ist vortrefflich. In der Lausitz ist keine Leibeigenschaft, sondern Unterthänigkeit, und diese ist zwiefach, indem es Erb- und Schutzunterthanen giebt. Dieser Unterschied besteht darinnen, daß die Vorfahren der erstern seit uralten Zeiten schon unterterthänig waren, die andern sich aber in unsern Schutz begaben, und daß die erstern gewöhnlich um 10 Rthl. die andern aber um einen Dukaten loskommen. Wollen wir diese auf einmal der Unterthänigkeit entlassen, was für eine Verwirrung würde daraus entstehen. Der Bauer, der so gern selbst regieren will, würde keinen Gesezzen mehr gehorchen wollen. Wird er aber durch eine Reihe von Jahren dazu vorbereitet, so wird er die Freyheit eher ertragen, und sie nicht in Frechheit ausarten lassen. Es giebt noch viele Gegenden im Lande, die zumal von den Städten entfernt sind, wo noch Saßnahrungen sind. Hier sezt die Herrschaft den Bauer ein und ab, versezt ihn auf ein ander Gut, versorgt ihn mit Vieh, und baut in seinem Hause. Kurz das Ganze gehört dem Herrn, und der gute und der schlechte Wirth kann alle Tage eine Veränderung mit seiner Nahrung gewärtig seyn. Ich weiß, daß auf einem Gute die Herrschaft den Unterthanen die Nahrungen die sie eben besaßen, erblich schenken wollte, allein sie nahmen es nicht an, weil sie es jezt bequemer haben. Und wenn sie den Einsturz ihres Hauses mit einem Nagel verhindern könnten, sie thäten es nicht, denn die Herrschaft muß bauen, und wenn ihre Kuh stirbt, es hat nichts zu bedeuten, denn die Herrschaft muß ihnen eine andre schaffen. Und solche Menschen sollte man frei machen? Sie würden uns mit einem solchen Antrage auslachen, denn jezt sind sie in ihren Gedanken glücklicher, und sind es auch wirklich. Da kein Unglücksfall sie, sondern ihren Herrn trifft, und die Idee für sich und ihre Kinder zu arbeiten ist zu erhaben, als daß sie je in solche Herzen hätte kommen sollen.

Was

Was der Herr Verfasser S. 72 sagt, von den zahllosen Heerden, deren Benutzung fehlen könnte, ist mir unbegreiflich; er scheint auch dem ganzen Satze S. 73. zu widersprechen, wenn er spricht: „Soll er das Vieh vermehren, um es brüllend verhungern zu lassen." Das zu soll er ja eben Futterkräuter bauen, sagt der Herr von Schubart. Wenn ich nicht die ansehnliche Bevölkerung der sächsischen Provinzen, auch ausser der Lausitz kennte, so würde ich glauben, der Herr Verfasser lebte in einer volkarmen Gegend, da es freylich möglich wäre, daß, wenn nicht Getraide und Viehhandel die Stelle der eignen Fabriken verträte, der Absatz fehlen könnte. Was aber der Viehhandel einer Gegend für Reichthümer erwerben könne, beweist Hohenlohe auch in den Jahren 1784 und 1785 (s. Schlözers Staatsanzeigen 31. St. S. 376). Der Erfolg durch den Futterkräuterbau ist mehrerer Gewinnst vom Vieh, durch das Vieh selbst, durch Milch und Butter, und durch den Dünger. Es ist unumstößlich gewiß, wohlernährtes Vieh gilt selbst mehr und bringt bessere Kälber. Ich erhalte mehrere Butter, und wenn auch diese im Preise fiele, so verliere ich doch nichts. Hätte ich z. E. ehemals 40 Kannen Butter, zu sechs Groschen verkauft, so betrüge es zehn Rthl. und ich verkaufte nur 60 Kannen zu vier Gr. so wären es auch zehn Rthl. Und ist dieß Schaden für ein Land? Ist je ein Land jetzt auf die Viehzucht aufmerksam, so ist es die Oberlausitz. Wenn auch mancher nicht die Zahl vermehret, so vermehrte er doch ihren Ertrag durch die Fütterung, und es werden gewiß jährlich in der Gegend von Görlitz um einige tausend Kannen mehr erworben. Der Er-

Erfolg davon ist — Theurung, nicht Mängel an Absaz. Im Sommer gilt die Dresdner Kanne sechs Groschen; und ist mehrentheils nur bei den kleinen Leuten auf dem Lande, die sie in die Städte bringen, zu haben: denn die Vorwerksbesizzer und Gärtner bei den Städten machen fast gar keine, sondern verkaufen Rahm und Milch und die Besizzer der Güter legen sie in Fäßchen zu zwölf dresdner Kannen ein, und verkaufen sie erst im Herbste oder Frühjahr, nachdem ihnen die Preise gefallen.

So bald die grüne Fütterung aufhört, steigt die Butter zu sieben, acht bis neun Groschen. Alsdenn wird jene Butter zu drei bis vier Thalern das Fäßchen verkauft. Dieser Preis kommt daher, weil eine große Quantität aufgekauft, und auswärts, vorzüglich nach Berlin, Frankfurt an der Oder, auch nach Dresden geführt wird. Gegenwärtig (im März) wird ein solches Fäßchen vier und einen halben Rthl. geboten und einzeln kostet die Kanne, welche zwei Pfund enthält, von dieser sogenannten alten Butter neun bis zehn Groschen. Einen Einfluß auf die Preise der alten Butter hat die Schweinszucht; denn wenn die Schweine theuer sind, so ist es auch die Butter, und theure Schweine bewirken theure Butter, weil bei wohlfeilen Schweinen viele durch die gemeinen Leute gemästet werden, die alsdann weniger Butter bedürfen.

Wir haben also nicht zu befürchten, daß uns, wenn wir so glücklich seyn, den Viehertrag zu erhöhen, Butter, Milch und Rahm zur eignen Konsumtion überlassen bleiben würde. Ich wünschte vielmehr, daß alle meine Lands-

landsleute den Verſuch machen möchten, ob ich oder der Herr D. recht hätten.

Und wenn auch der Preis der Milchnuzzung durch ihre Quantität fiele, ſo würde er doch im Ganzen ſich mit der alten Summe ſoldiren, und die Gewinn- und Verluſtrechnung würde nichts ins Debet bekommen. Und wenn auch dieſes als unnüzlich ſollte betrachtet werden — welches wohl kein Kameraliſt gelten laſſen wird, ſo bliebe doch noch die Düngervermehrung übrig. Oder iſt dieſes kein wahrer Nuzen für das ganze Land, wenn mehr Dünger erhalten wird? Wenn überall mehr gedüngt würde, ſo würde mehr Getreide wachſen. Der Herr D. wird zwar einwenden, daß es alsdann zu wohlfeil würde. Hier fodert die politiſche Rechenkunſt zu unterſuchen, was wahr oder ſcheinbar Gewinn und Verluſt iſt. Kümmerlich erbaut mancher ſein Getreide. Wir wollen einen Fall berechnen.

Es werden 80 Schfl. Düngerkorn geſäet, davon erbauet 2 ß. — ſind 160 ß. zu 2 Schfl. Ausbruſch, macht 320 Schfl. oder das 4te Korn davon den Saamen abgezogen, bleiben 240 Schfl. zum Verkauf, zu $1\frac{1}{2}$ Rthl. im Durchſchnitt gutes und geringes gleichgerechnet, beträgt 360 Rthl. Und wie viel Wirthe in Sachſen mögen wohl das 4te Korn erbauen? Das nämliche Feld ſei nun recht ſtark gedüngt, es würde alſo natürlich dünner geſäet, 60 Schfl. davon erbauet, 4 ß. ſind 240 Schock, $2\frac{1}{2}$ Schfl. Ausbruſch, alſo 600 Schfl. wären das zehnte Korn, davon 60 Schfl. Saamen abgerechnet, blieben 540 Schfl. zum Verkauf. Wenn nun der Schfl. zu 16 Gr. herabfiele, ſo würde das vorige Facit 360 Rthl. herauskommen. Das Stroh habe ich gar nicht gerechnet. Ist dieß kein Vortheil fürs Land, oder glauben Sie die mehr erbauten 300 Schfl. würden liegen bleiben? Ja wenn alsdann die Ausfuhre verboten würde.

Alles dieses kann der Kleebau bewirken, und da er ein vorbereitendes Mittel zum drauf folgenden Getreibebau ist, so sollte er auch auf dieser Seite anempfohlen und nicht verhaßt gemacht werden.

Auch der Saz des Grafen Vert (s. Betrachtungen über die Staatswirthschaft, Manheim 1785 S. 167) je eine grössere Anzahl Vieh, ein Staat ernährt, eine desto kleinere Anzahl Menschen kann derselbe ernähren, ist nicht ganz richtig. Freilich muste dieser denkende Kopf in seinen ultramontanischen Wirthschaften, nur Hutung, Trift und Braache und Alpenweide gewohnt seyn, oder an die Nomadischen Völker und an die spanischen Schäfereien gedenken, allein es ist der mögliche Fall, daß der Staat, dessen Volksmenge zunimmt, auch größere Heerden erhalten kann.

Der Auffoderung des Hrn. D. S. 83 an den Hrn. von Schubart, eine chronologische Geschichte seiner Unternehmungen und Verbesserungen, dergleichen Rechnungsauszüge — sie brauchten nicht gerichtlich zu seyn, wie Herr R. will — vorzulegen, sollte der Herr Geh. Rath von Schubart Genüge leisten; denn dasjenige, was im ersten Hefte seines Briefwechsels steht, ist keinesweges hinreichend, die Fragen des Kameralisten zu

beant-

beantworten, — ich würde sagen, des Oekonomisten, allein der Hr. D. der mich vielleicht für einen Oekonomisten halten möchte, scheint diesem Namen und ihrer guten Sache nicht hold zu seyn.

Wenn der Herr Verfasser S. 84 noch sagt, sein Kreditsystem habe mit keinem erborgten Gelde zu thun, so sollte Er doch auch sagen, mit welchem andern, denn sonst kann nun Niemand, da er es dem Herrn Geh. Rath nicht für gut spricht, daß er es that, mehr darüber urtheilen. Wenn es aber Assekuranz des Ganzen wäre, welcher neue Koloß müste aufgeführt werden, um vielleicht ältere Verfassungen, Hypotheken oder dergleichen zu stürzen. Doch man kan ja noch nicht urtheilen. So viel ist gewiß, daß ich bei meiner, zwar geringen Litteratur, — Niemanden kenne, der einen ähnlichen Vorschlag gethan; denn die Verbesserung des Schuldwesens der Bauren, die ein regierender Reichsgraf entwarf (in Joh. Beckmanns Beiträgen zur Oekonomie, Technologie ꝛc. 2ter Theil S. 238) geht einen ganz andern Weg.

Soll nun durch dieses Kreditsistem dem Landmann geholfen werden, so muß es entweder, seine alten Schulden übernehmen, oder ihm Kredit geben, oder baares Geld vorschießen. Ich stehe hier ganz still, und frage, ob dieses Mittel wirksam seyn werde, ihn aus seinem Elende zu ziehen. Er soll also nicht aus sich wirken, nicht den Viehstand, nicht den Ackerbau verbessern, denn es wären keine Abnehmer da, und es bliebe ihm alles liegen, er brauchte mehr Menschen, und

und das wäre Schaden fürs Land, er soll nicht Futterkräuter bauen, denn es gehört zu viel Vorbereitung dazu, nicht seine Schaafe und Pferde mit Klee füttern, weil die erstern stichelhaarigt und die leztern, — ich weiß selbst nicht was — würden; kurz er soll nicht sich selbst erhalten, verbessern, — sondern ein Kreditsistem soll es thun. Und was würde dieses Kreditsistem bewirken? — Unthätigkeit und mehr Verderbnis. Sollte ich ganz falsch urtheilen, so wird der Herr D. es sich selbst zuschreiben, da er uns so lang auf seinen Plan vergeblich hoffen läßt.

Hier entsteht aber bei mir eine Frage: wo sind denn die Bauern so elend, daß sie eines stichen Kreditsistems bedürfen. Bei uns ist der Fall äußerst selten, daß ein Landmann so tief herabsinkt; und nur die Folge einer liederlichen Wirthschaft. Ich kenne einen auf einem Güte, der in den armseligsten Umständen ist, seine Gebäude stürzen zusammen und sein Vieh brüllt für Hunger. Sein an ihn gränzender Nachbar ist ein Kapitalist, im Bauern-Sinne. Beide haben gleiche Dienste, gleiche Abgaben, gleiche Erwerbsmittel. Allein jener verkauft das Heu, ehe es noch gehauen ist, und das Stroh, ehe er ausdrischt. Nun nehme sich seiner ein Kreditsistem an! Der andre baut Klee in Menge, hat mehr Vieh als jener, und sein Vieh brüllt nicht vor Hunger, wie der Hr. D. voraussezt.

Ich wiederhole es noch einmal, daß der Fall bei uns äußerst selten ist, er muß also in den Provinzen, wo der Landmann frei und nicht unterthänig ist, und wo wo man viel zu orthodox denkt, als daß man Futterkräuter bauen, oder das Vieh im Stall füttern sollte, vorkommen. Auf unsre Provinz ist das Kreditsistem nicht anwendbar, und dasselbe also eben so wenig allgemein, als die Abschaffung der Huthung, Trift und Braache.

Wenn wir aber patriotisch denken, und unsere Bauern verbessern, das heißt, es dahinbringen wollen, daß sie noch mehr verdienen können, als bisher, so müssen wir ihnen mit guten Beispielen vorgehen, Futterkräuter bauen, und die Stallfütterung einführen, oder wenigstens unser Vieh — satt füttern. Sie werden von selbst nachfolgen, und deswegen nicht in den Fall kommen, daß sie ihre Produkte nicht absetzen könnten. Ich rede hier aus Erfahrung, und weiß nun, wie sehr sich der Unterthan nach dem Vorgange der Herrschaft bildet. Er geht stets behutsam und sicher, und ahmt, wenn die Herrschaft in ihrer Unternehmung glücklich ist, ihr gewiß im Stillen nach. Aber ihn aufmuntern, oder gar zur bessern Einrichtung zwingen wollen, würde er stets als eine Neuerung verwerfen. — Jedoch ich kenne auch Bauern, die, obgleich die Herrschaft dem Schlendrian getreu bleibt, für sich selbst Futterkräuterbau, Stallfütterung der Kühe und Kleefütterung der Lämmer einführten, und erstere beide schon seit sehr langen Zeiten haben, sie sind aber sehr wohlhabende Leute. — Und diesem meinem Sisteme bleibe ich getreu, dieses ist das einzige, wodurch der Landmann bei uns erhoben werden kann. — Kann und will ihn die Herrschaft zu seinen Unternehmunmungen mit Geld unterſtüzzen, kann und will ſie ſeine Frohnen noch in Dienſtgeld verwandeln, ſo wird er gewiß ganz wohlhabend werden. Das erſte thue ich, und das andre wird, ſo Gott will, bald auf dem einen Beſizthume ins Werk gerichtet ſeyn, und meine Leute werden keines Kreditſiſtems bedürfen.